情念の継承

感情記憶と「型」の発見

The Succession of Emotions

福田正治 著
Masaji Fukuda

ナカニシヤ出版

はじめに

近年、親子や世代間の断絶が示唆されて久しい。年功序列や終身雇用の消失などによる社会環境の変化や科学技術の急速な進歩によって、家庭の安心で安定した環境が失われ家族間の意思疎通が築きにくくなり、親の経験や価値観が子供に伝わりにくくなっている。親は苦労して自ら経験してきた生き方や人生モデルの知恵を子供に伝えたいと願うが、子供からは「古い考えだ」と見向きもされない。「親の心、子知らず」とは歴史の中で何度も繰り返されてきた現象である。それでは会話がだめなら、活字で伝えたいと、世の人は自叙伝などを書こうとするが、子供がその価値を認めるためには、子供が親の年になるまで待たなければならない。親の履歴書の裏には人生における夢や挫折、喜怒哀楽が隠されている。その喜怒哀楽の中から学んだことを自分の子供に伝え、二度と同じ轍を踏ませたくないと思うのが親心である。

もう少し広く眺めたとき、人には他者が過去に経験したこと、先人が守り育ててきた人類共通の資産を未来に伝える役目もある。広島・長崎の原爆体験、第二次世界大戦の悲惨な経験、近くでは阪神大震災や東日本大震災の経験を後世に伝え残していく義務がある。さらには文化に根差した伝統工芸、伝統芸能、ワザなどの中には、未来に伝えたいと思うすばらしいものがたくさんある。

このような人間の経験をどのようにして人から人へと、また時から時へと伝えたらよいのだろうか。家を継ぐ、職業を継ぐ、故人の遺志を継ぐ、親の心を継ぐ、そして伝統を守るということは、物や職業といった目で見えるものを継ぐこと以外に、何を受け継いでいくことを意味しているのだろうか。活字にする方法があると述べたが、文字には政治、経済、文化、科学の知識だけでなく、過ぎ去った感情や欲望に対しても、人びとが何をどう感じ、何を望んだのかを記録する力がある。図書館に行けば、幾多の人間の営みが記録されており、過去の人びとの息吹を感じ取ることができ、過去の感情や音楽までをも現在のわれわれは手にすることができる。そうして歴史は連続性を担保してきたが、ここで改めて人類の記憶として何が継承されてきているかを考えたとき、文字として書き表わせなかったものは何かということを考えなければならない。

ギリシヤ時代、人間の魂や心は理性と情念に分けて考えられていた。ここで情念とは人間を行動に駆り立てる衝動で、感情と欲望を指し示すものであり、理性はそれらに左右されないで思慮的に行動する能力である。このような二分法的な考えで人間の生き方を捉えたとき、ギリシヤの哲学者は理性の重要性を指摘し、情念にとらわれないで理性にしたがって生きることが理想の人間の生き方であるとした。その考え方が禁欲主義的なスコラ哲学として今日の西洋思想の土台を築いている。理性を根拠づけるために哲学や倫理学などが発達し、言葉の中に彼らの思考の苦悩の跡を見ることができる。

特に科学技術の継承は文字による記録の蓄積の上に成り立っており、それを基に新たな発見がなされ理論が構築されてきた。地動説にしても天動説が支配的であった長い期間に多くの人びとによってなされた詳細な観測データが蓄積されて初めて可能になったもので、何もないところから地動説が突然に現われたものではない。望遠鏡一つ取っても、ガラスの作り方、レンズの作り方、光や像の性質、それらの経験が記録として綴られ、それらを基に発明されたものである。記録さえあれば、望遠鏡を最初に発明した人が亡くなって何百年後であったとしても、誰でも望遠鏡というものを再現することができる。

このような科学技術を勉強するときは、教科書だけからすべてのことを学ぶことができる。それはたとえ人を介さなくても、場所が遠くに離れていようとも、世代を経ようとも可能である。数学という基本構造の上に綿密に組み立てられた理論のもとに科学技術は構成されており、嫌いだからこの方程式を捨てるということはあり得ず、感情や欲望は完全に科学から排除されている。これが知の継承である。

一方の人間の情念がどう伝わってきているかを考えるのがこの本の主旨である。人間の日常は感情や欲望で突き動かされており、何も理性や理念だけで生活を送っているわけではない。人生の喜怒哀楽はその典型であり、希望や夢に向かって生きていく姿が日常の姿である。われわれはこの感情や欲望を文字として記録に残すことができる。身近な人が亡くなったときには「悲しい」、「悲しかった」と表現することができ、子供の成長や成功、結婚での感激もまた記録として「嬉しかった」と書き表わすことができる。ノンフィクションには、生死をさまよう苦悩や不条理と闘う人の苦しみなどが血の滲むような言葉で語られ、それらを通して感情の強い訴えがある。ギリシヤ時代の悲劇や源氏物語の「もののあはれ」の感情、平家物語の「悲哀」の感情にもまたわれわれは感動することができる。

しかしこれらは真に情念の継承といえるものにあたるだろうか。現代人は最早ギリシヤ悲劇を読んで涙を流すことは少ないだろうし、一〇〇年前共同体に生じた悲劇を思い出して涙を流し続ける人もまたそう多くないだろう。どのような感情も単なる「悲しみ」という文字として記しきれるものではない。本当の悲しみは涙を流す瞬間にあり、感激は子供が表彰台に上がった姿を見たときの満顔の笑みの中にある。それらの感情は時間とともに薄れ、思い出したとしてもその時の感情が臨場感を持って十全に再現されることはないだろう。自ら感じたリアルな感情を後世に伝え残したいと望んでも、それらの臨場感は残酷な時の流れとともに失われ、単なる言葉、乾いた文字としてしか記録の中に残らない。涙を流さない悲しみの感情は伝えたい心の真意と違うところにある。

この感情の継承、広い意味での情念の継承を考えようとしたとき、情念の表現や伝達を職業としている先人の知恵が参考になる。観客に感動や感情を与えない芸術や工芸はその存在価値がない。感動の基礎は理性ではなく、まさに情念であり、作者や役者がいかに情念を表出し観客に感動を伝えられるかにかかっている。その伝え方は単に個人の技量だけではなく、歴史的に継承されてきたノウハウの蓄積の中に存在している。その内容は絶対というほど言葉や文章としては伝えられないもので、感動や悲劇の感情を伝えるためには、特別な仕組みが必要である。なぜなら感情は身体変化を伴う個人の身体記憶として蓄えられており、その部分が再生されて初めて観客に感動を呼び起こさせることができるからである。しかしそれはリアルな再生ではなく、「泣かないで泣く」という悲しみの表出であり、「不射の射」である。この矛盾した要求を満たす工夫が「型」の発見であり、感情記憶を儀式やワザ、絵画技法や音楽技法といった「型」として伝え残していく仕組みを古典芸能や芸術、工芸は見つけ出し、その中に情念の継承法をも凝縮させた。さらには世襲や徒弟という直接的な教えを含めた身体記憶の時間的かつ空間的共有の要素を取り入れて、口伝だけではできない時系列の「間」の取り方、「息」や「腰」の身体操作法などを直伝していった。これらの過程を心理学や脳科学の「感情記憶」や「身体記憶」の特性とメカニズムから考えると何が見えてくるかを解明することがこの本のテーマである。特に感情記憶という中には、感情学における「泣くから悲しい」のか「悲しいから泣く」のかの認知と身体の関係を問う古い問題が見え隠れしている（ジェームス、一八八四）。人は本当に悲しいときは無意識のうちに涙を流すが、役者が毎回涙を流していては演技にならないし体力が持たない。涙の出ない「悲しみ」の表出には、時に嘘や虚偽が伴う。それを避ける技芸が先人の「型」に埋め込まれているが、感情成分をどのように補おうとしているのかの感情表出と心の在り方の関係もここでは論じられている。

「型」の発見の指摘や議論は何も新しいことではない。格式ばった「型」だけでなく類似の「型」は日常の中にたくさんある。しかし代表的なこの「型」を感情記憶の視点で眺めたとき、「型」が現代の感情メカニズムや心理学と照らし合わせてどう再解釈され科学の言葉で書き直されるかの議論がここで展開されている。このような議論を通して、親の心・情念を子に、師の心・情念を弟子に、先生の心・情念を生徒に、そしてはるかなる時空を経て現代の心・情念を後世の人びとに伝えるための先人の知恵と現代科学の知恵の融合が見て取れるのではないだろうか。

1章は、歴史の中における情念の始まりについて、思いつくままに書かれたものである。過去の情念の流れを見ようとする場合、想像力の助けを借りなければならなかった。ホモ・サピエンスがアフリカから出発して数万年かけて世界中に広がっていったときの心の奮闘と恐れ、畏怖の痕跡がわれわれの中にもあるように思われる。限られた道具と知恵だけで未知の土地へ足を踏み出し苦闘したその心境に思いを馳せる。そうした中で家族の存在が重要な働きを持ち、多産と豊穣、周囲の人びととの絆は生きていくうえでの必須条件であった。そして定住が始まり余剰生産物が可能になると人間の歴史は俄然にぎやかになる。

2章は、情念の発生を受けて、人類がどのように情念を発展させ使ってきたかをいくつかの例で議論した。ポジティブな情念やネガティブな情念の展開と、それらを忘れようとする歴史的な出来事が示されている

3章は、感情の表出として芸術・技芸を主に取り上げ、先人がいかにそれらをつくり上げ、それらを後世に伝えていこうとしたかの苦悩の軌跡をたどっていく。

4章では、知の継承も決して簡単なことではなかったことを議論する。過去には、それまで連綿と継承されてきた知識や知恵が大きく失われたこともあった。今でもその危険があり、知の継承の歴史を探った。

5章では、情念の継承のバックグラウンドである感情記憶や情動記憶、身体記憶や運動記憶について心理学的、神経科学的に論じた。模倣による身体記憶が重要な要素になるが、感情記憶の表出との相互関係がどのようなものかを議論した。感情の記憶は記憶機能からいえば非宣言的記憶における身体記憶に相当する部分を有するが、この個人的に蓄えられた身体記憶をいかに時間を超えて、また個

人の枠を超えて継承できるかの心理学的、神経科学的特徴について議論した。

6章は、これらを受けて情念の継承に関する先人の知恵の「型」について概観する。特に日本における家元制度や徒弟制度の中に、経験から学び取った目に見えない潜在的な感情の記憶の継承のノウハウが見て取れる。そして横（人から人へ）への継承と縦（時を超えて）の継承の知恵を古典芸能の仕組みの中に見ると同時に、心理学と神経科学から合わせて情念の継承問題、特に感情成分の伝承、継承問題について議論する。

この冊子を出版するにあたって、ナカニシヤ出版の宍倉由高氏には大変お世話になった。心よりお礼を申し上げる。

福田正治

二〇一五年二月

目次

第1章　情念の始まり

第1節　未踏の地へ

現生人類であるわれわれは、およそ二〇万年前にアフリカに一つの種として出現した。大きな脳を持つその種には「知恵ある霊長類」としてホモ・サピエンス・サピエンスという名前が後世の人類によってささげられた。この最初の人類が子孫を増やし、七万年前頃にこのアフリカの地を出発し、全世界に広がり、果てはベーリング海峡を越え南アメリカの最南端にまで到達した（ロバーツ、二〇〇三）。

当時、霊長類から出た原生人は森林を出てサバンナに生活するようになり原始的な石の道具を使い狩りを行っていた。石器は時代とともに精巧に、また道具として洗練されていった。しかしわれわれの祖先であるホモ・サピエンスは知恵があったために、火を効率的に利用し、弓を発明して動物の狩りでは集団の力を効率よく使い、原始人を凌駕していった。支配できるテリトリーは次第に広がり、ヨーロッパでは周りにいたネアンデルタール人は最後には全滅していった（クライン、二〇〇四）。

考古学は氷河期が四―一〇万年ごとに起こっていたことを示している。地球はつねに変化しており、現在のような間氷期の温暖な気候が永久に続いていたわけではない。赤道に近いとはいえ、氷河期の影響を受け、植性と動物の生態は大きく変わり、人類が生きていくにはもはやアフリカだけでは狭かったのかもしれない。ホモ・サピエンスの大きな特徴は、比較的繁殖力が高いことである。極端にいえば、一年中いつでも子供を産むことができる。もちろんその時代の乳幼児の死亡率は高く、多くの子供が亡くなっていったが、それでも全体的に人口は減ることなく増えていった。

ここで関心あるのはアフリカの地を出なければならなかった人間の持つ勇気と好奇心である。止むに止まれぬ状況であったとしても、家族を連れての未踏の地への第一歩を踏み出す勇気が人間には備わっていた。その決断力が人類を地球の果てまで広めた。人類の知恵はある面では慎重さを求められ、家族全員が死に面する片道切符を切ることはない。人類は最初に探検という手段で調査を行い、一歩一歩と未踏の地を慎重に進み、生きる可能性を確かめ、時間をかけて先へと進んでいったと考えられる。そして人びとは山脈や河川を越えて旅する技術を次第に身に付けていった。五万年という歴史の流れをつないで大陸の端までたどり着き、さらには海を渡って新たな島にまでたどり着いた。今から考えてもその成功の確率は非常に低い行為であったに違いない。

アフリカから出て、恐らく最初にたどる道は海岸線に沿って移動していくのが理にかなっている。先頭を切った集団は不安を抱きながら海からの食料の獲得と猛獣からの防衛、そして水の確保と、海沿いに最初は進んでいった可能性が高い。しかし地図を眺めれば、当時の気候、風土、植物相、海面の高さなどはどうであったかはわからないが、一度は原野や山脈、砂漠の試練を受けなければならなかった。果てしなく続く森林、越えるのも難しい山々、そして水もなく植物も植えていない大地、それらを目の前にしたとき、先人は怖気ついて戻ることも考えたであろう。ジャングルでは猛獣の出現、山岳での困難さも前途をふさいでいたに違いない。先に進むことに対して家族の反対もあっただろう。また子供のことを考えると、危険は避けなければならないという意志も働いたに違いない。われわれは未来の不確実さや未来への不安には耐えきれない存在であるが、それでも人類は幾世代をかけてその原生林や砂漠を渡り、留まることへの危険と不安を凌駕し、わずかな希望を携えて未知への一歩を踏み出していった。その葛藤と勇気を考えるとき、人間の力の偉大さを感ぜずにはいられない。自然の仕組みを知らない祖先は神の中にその息遣いを見出し、神の意志に確認を求めたが、厳しい自然はそれに対して何の答も出してくれなかった。

その中で特に実感するのは、アジア大陸とアメリカ大陸の間を人類が渡った瞬間と、氷河期を生き抜いた人類のしぶとさである。以前、筆者は冬のアイスランドに旅する機会があった。北極圏にきわめて近くに位置する大西洋に浮かぶ小さな島である。冬の見渡す限りの嵐の雪原を眺め、行けども緑の木々のない雪原は、まったくの不毛の土地であり日本の雪景色とはまったく趣の異なる風景であった。そしてこれまで議論してきた祖先がこの厳しい環境の中で生き延びてきた困難さについて想像を巡らしたとき、見渡す限り緑のない冬の雪原の中で生き延びてきた知恵に感嘆するだけであった。

そして、祖先がベーリング海峡を越えようとしたとき、一夏で越えたわけではなく何年もかかって集団で越えたことであろう。その間の冬景色はまさに、今アイスランドで見ている風景ではなかっただろうか。祖先はこの風景を見て一瞬たじろいだはずである。それが氷でつながった現在のベーリング海峡を歩いて渡ったのか、氷河期で海面が今より低く陸続きの土地を歩いて渡ったかわからないが、何度もいうように未知への第一歩を踏み出した人間の偉大な勇気に感心しないわけにはいかない。

その間、幾多の試行錯誤があり、その中で多くの若者が帰らぬ人となったに違いない。家族はそれに嘆き悲しんだことであろうが、わずかの若者が未知の土地の食料や水、安全の新たな情報を持ち帰ってきた。彼らは危機的状況となったとき、指導者となり決断をしたのであろう。そして人類は世界中に拡散していった。特に南の方向に向かって海に出た人類の危険性は非常に高かったに違いない。いくら氷河期で大陸間の距離は狭められていたとはいえオーストラリア大陸に渡るためには海を越えなければならない危険があった。航海術も未熟であったかもしれない中で、人類はさらに太平洋の島々にまで移っていった。

拡がるにつれ、自然は微笑むだけではなく、厳しい顔を示す。地震、火山、水害、干ばつなど幾多の困難を経験し、何世代もの知恵で生き抜いてきた。われわれは今でも災害に直面した際には、普段は気付かない地球の真の姿におののき、現代の科学技術の力をもってしてもそれを克服しきれていないでいる。昔の彼らの神もそれに対して根本的な知恵や解決策は何も出してはくれなかった。それでも人類は旅を続け広がり続けた。アメリカ大陸の砂漠、グランドキャニオン、さらには赤道付近の風土病など、幾多の試練に晒されたことだろう。

そうした遺伝子が記録に残る歴史の中に多くある。たとえば紀元前のアレキサンダー大王によるインド遠征やモンゴル民族によるヨーロッパ遠征なども富の追求と領土への野望の結果であるとはいえ、未知の世界への好奇心が非常に強かった証である。知らない土地へ何かを求めていったその好奇心の中に祖先の情念の強さを見つけるのである。また西洋と東洋をつなぐシルクロード、アメリカ大陸の発見、喜望峰を経て東洋への航路の発見など富に目がくらんだとはいえ、これらは祖先がたどった情念を再現していると思われる。

人間はつねに新しいことを求める存在であるともいえる。自然においては科学者がそうであるように、探検家は今でも祖先と同様の衝動に突き動かされているようである。新しいことにチャレンジする能力は人類を進歩させる力であり、その遺伝子はまさに祖先の人類が二〇万年前に得たものである。今では火星にまでその足跡を印すべく夢の実現に向けて動き出している。

第２節　西洋の多産と豊穣

世界に拡散するにあたって、多産と豊穣が人類に課せられた最低条件であった。食料の備蓄をする知恵を持たなかった世界では、狩りにせよ、採集にせよ、参加する人数に依存して食料の収穫量は影響された。狩りをする人が多ければ、それだけ多くの大きな動物を捕獲することができ、マンモスなどの大型動物の狩りなどはどうしても多人数でなければならなかった。そしてその集団が動物性たんぱく質を多く摂取し、さらなる体力をつけて大きくなっていく可能性を秘めていた。その後、人間の知恵は蓄えの方法を獲得し、火の利用はその最先端を行くものであった。八〇万年前頃に発明されたといわれる火の発生や維持を理解する能力は燻製や煮つけに利用され食性の範囲を格段に広げ、多くの人間を養う基礎をつくった（ジュリネ、二〇一一）。さらに人数が多くなってくると血縁集団として敵からの防御や敵への攻撃も強力になっていった。このように家族の多さが大きな力となり、それらの知恵と能力でもって世界への第一歩を踏み出した。

筆者がこのような議論を展開する理由は、多産と豊穣に含まれる性と生存をめぐる民衆の歴史の中に感情を含む人間の情念の営みの源流を見るからである。感情の本性を現象として現代の中で見ることはまれであり、昔も今も人間はこのような欲望や感情から超越しているのが立派な人間であるとみなされている。スコラ主義思想、儒教などは支配者の思想で、感情や本能の中に秩序を破壊する要素が含まれているために本能的な感情の発露は否定されてきた。しかし感情は生きる原動力でもあり、多産と豊穣の行動の中にその時代の民衆の真の感情が現われ、それが歴史の原動力となった。

その痕跡は無形では祭りの中、有形では土偶などの出土品に見ることができる。特に性の営みは、原始の時代、隠すものでもなくむしろ奨励されていたに違いない。妊娠する原理を知らなくても、動物の性行動は周りのいたるところで見られ、それによって子供が生まれる摂理は自然のこととして知られていた。ヒトの場合、受精可能期間は特定されず、一年中可能であった。それはわれわれが八〇〇万年前に霊長類から原始人に分かれた大きな特徴であった。霊長類では妊娠可能時期は尻の色や匂いに現われ、オスは簡単にそれを見分けることができた。しかし、直立歩行を獲得したホモ科は雌の外見上の妊娠可能時期を見分けることができなくなり、そこで乳房などに性の特徴を表すような形態が進化していった。そうした中、性行為によって子供ができることを知っていた原始人は、多産が大きな価値基準であったことから、性の制限の緩やかな社会関係の中で生活していたに違いない。

約二万年前のオーストリアの川辺から出土したヴィレンドルフのヴィーナスの土偶は大きさが一〇cmと小さく、家の前に多産と豊穣を願うお呪《まじな》いとして飾られていたと考えられている。乳房が大きく、腰回りも大きく、顔の部分がほとんどない奇妙な女性の土偶である。しかしそれが当時の女性に対する見方であり期待であった。

そのような性に対する風習は、記録が残るギリシヤ時代にも続いていた。オリンポスの祭礼では、期間は限られていたとはいえ、無礼講的な性の自由な交流があったと報告されている（アンジェラ、二〇一四）。ギリシヤ時代は、今日でいうところの男女の愛は存在せず、女性は主として子を産むものとして捉えられ、社会的に成熟した人間という意味ではまだ女性の地位は確立していなかった。

ギリシヤ神話は多産の証明でもあり神話世界の性の奔放性を示している。最高神ゼウスからして多淫である。それほど性はオープンであり隠すべきものでもなかった。もちろん公式の場ではそれなりの節度もあっただろうが、現代と比べると緩やかであったことは疑いない。イタリアのポンペイ遺跡はヴェスヴィオ火山の噴火のために町全体が瞬時のうちに火山灰で埋め尽くされ、街並みがそのまま残っているところである。さらに火山灰で埋まっていく死の瞬間の人の苦しみの姿がそのまま残っており、石膏の型どりから再現されている。その街並みの中の富豪の家屋の風呂には男女の性の営みのタイル張りの見事な絵が残されている。またいつの時代にも変わらない性に関する落書きも多く見つかっている（ヴァローネ、一九九九）。古代からギリシヤ時代、ローマ時代と続いてきている多産と豊穣を願う民衆の思いの表現であったに違いない。

またギリシヤ彫刻は神々の表現で慣習だとはいえ、実に均整のとれた美しい男女の裸体が表現されている。そこには人間の身体の神聖な美しさを見る思いである。ローマ時代になると、少し趣が変わり生々しい性にまつわる裸体の表現を一部見ることができるが、これもまた多産と豊穣を願う人びとの願いが庭や家の中の飾りとして現われたのに違いない。


西洋では、キリスト教が広まり浸透していく中で、これら性に関する奔放な表現は禁止されていく。スコラ思想の禁欲的な部分がキリスト教に受け継がれ、女性は堕落させるものとして忌諱《きい》されるようになって、もはや、男女の裸体は絵画や彫刻の中に現われてこなくなった。中世が終わりルネサンスに至るまで、公式には裸体画は歴史から消えてしまった。

人間は喜怒哀楽を表わせる動物であるが、進化の過程で衣服によって身体を隠していったために、集団内のコミュニケーションは豊かで繊細な表情やジェスチャーになっていった。しかし中世の宗教画ではその感情表現が公式の場から消え、唯一残された表現はイエスの死に伴う悲しみの表現だけであったようである。民衆の喜び、怒り、恐れなどの表現は少なくとも中世の一〇〇〇年の間は公式記録からはあまり見えてこなかった（バードン、二〇〇二）。

さらに奇妙なことは、性の歴史の中に見ることができる（フーコー、一九八六）。キリスト教がいくら禁欲的な宗教とはいえ、人類の存続を担保する性行為までも禁止できないのは当前のことである。そんな中でキリスト教が採った政策は、民衆の性行動を監視し統制することであった。極端にいえば、性行為の期間は決められ、正常位だけが許される性行為であった。夫婦の間でも密告が奨励され、夫が性行為中に変なことをした、妻が性行為中に喜びを感じたということを教会の聖職者の前で神の許しを請う懺悔が真面目に行われた。その当時は真剣で、それを守らなければ地獄に落ちるという恐怖で脅されていた。その一部が裁判の記録として残っており、性の歴史の研究の対象となっている。

しかし裁判での記録は特殊な場合であって、一般の民衆はもっとおおらかであったに違いない。その当時でも多産は貧困と隣り合わせではあっただろうが、多産は生産力増強の手段として奨励されていた。農業は人数で生産が規定されるところがあり多産はある面では財産であった。そうした中、性の縛りは民衆の本能とはかけ離れた宗教だけの空回りともいえる。教会の見えないところでは結構、奔放であったに違いない。

もうひとつキリスト教が広まっていくにつれて、土着宗教である多産と豊穣の祈りと、それに結び付いた古くからの祭りとキリスト教との関係が問題になっていった。民衆はキリスト教を生きる手段として受け入れざるをえなかったが、キリスト教は生きる民衆の心の安定としての土着宗教をうまく取り込み、その一つがマリア信仰の中にあるといわれている。土着の愛の神、豊穣の神、多産の神を投影した民衆の多産と豊穣の根強い叫びがその中にあったのだろう。ヨーロッパに受け継がれている祭りの中に収穫物を祝う祭りが各地で見られるが、苦しい生活の一時的な開放としての祭りの役割があり、多産と収穫物の豊穣を願う民衆の願いは民衆の躍動する感情の素直な気持の中に現われている。なかなか性と生存の源流は奥深く隠れ、感情の根源を理解するときにはそこまで掘り下げ、人間の感情の真の姿を見極めなければならない。

第3節　日本の多産と豊穣

世界のどの国にも多産と豊穣の歴史があり、日本もその例に漏れない。古代の日本の民衆の歴史は神道の中に紛れ込んでおり、その中でも祭りの中に色濃く紛れ込んでいる。日本人は中国大陸や南方、北方地域から渡ってきた多彩な民族の子孫であるが、当初は自然を崇拝するアニミズムが信じられており、八百万の神の存在を自然の中に見出していた。日本は比較的四季がはっきりしている小さな地域であり、そこは海に囲まれ山が多く火山と地震の島国でもあった。自然災害はいたるところにあり、豊穣を願う気持ちはどの国にも負けずに強かったに違いない。

奈良時代に古代の神話や伝承をまとめて国の始まりを最初に記録した歴史書が古事記である。国造りの物語が描かれ、その祭祀の伝統が皇室の祭祀の中に保たれてきている。伊勢神宮や宮中、寺社の祭祀を見るにつけ、五穀豊穣の祈りと民衆の祈りがそのまま儀式化して残っている。渇水や洪水、火山や地震の災害で多くの民衆が飢餓に苦しめられてきた。それが自然への畏怖の表われとなり、さまざまな祈願となった。

そうした中、西洋にも負けず日本でも多産が家族や氏族にとって大きな力であったことは同じであった。古事記でもおおっぴらに性のことが書かれている。人口が増え、集団が豊かになることは、暗に民衆の性行為のたまものであり、神に多産や安産が祈られ、子供が授かることを祈願した。自然災害や飢餓、病気で若くして亡くなる者も多く人口は減る傾向に働いた。「産めよ、増やせよ」は民衆の願いでもあると同時に国家の願いでもあった。そしてその直接的な表現として、性行為、また性器そのものを素直に祭る風習をつくり出していった。

その名残が現在においても神社の祭りとして連綿と受け継がれてきている。その珍しい例が愛知県や神奈川県の祭礼である。決して全国版のニュースにはなりえない奇祭である。男女の性器がご神体となり、年に一度、街中に出て練り歩くのは、現代人から見ても恥ずかしいの一語に尽きる祭りである。西洋では決して見られない奇祭として世界に広がっているらしく、外国人の観光客に人気があるようである。日本でこのような祭りが、為政者の許可のもとに六〇〇年以上にわたり続けられてきたことに驚きをもって感じられ、仏教でも江戸幕府でもそれを止める力はなかった

もっと直接的な性行為の儀式が多産と豊穣を祈願して奈良県の神社の祭礼で営まれているようである。ユーモラスに人間の性行為が描かれ、民衆の笑いを誘っている。性は豊穣と結びつき、日本では隠すべきものではなく生活の一部であった。男女の裸は性との連想は少なかったように考えられ、その長い歴史が江戸時代、しつこく続いていた混浴の中に見ることができる。風呂場では老若男女の裸が日常の生活の中に密着して入ってこざるを得ず、そこでは隠すものではなかった。温暖で多湿な日本では、裸は性を示すものではなく自然の生活のありのままの姿で日常どこでも見られる風景の一つになっていた。

農業の基本は農地であり農民は土地にしがみついて生きていかなければならない宿命で、しがみついていくことが農民の情念であった。時に泣きながら娘を売らなければならなかったこともあるだろうし、間引き、捨て子もあっただろう。自然の威力の前には田地は無力であり、台風の前には稲穂が

無残にもなぎ倒され、洪水に浸かる光景の前になすすべもなく実った稲をただ見つめるしかなかったこともあるだろう。それでもあきらめきれず土にまみれて米を作っていたのが農民で、それら農民の楽しみは何であったかに想いを馳せたとき、祭りは一つの息抜きの場であったに違いない。年に一度の祭礼で、酒とたらふくの食事とともに猥談でにぎわい、春歌で大声を上げ、踊りで日頃の不満をぶつけたのではなかったか（下川、二〇一一）。そこから生まれてきた子供は村共通の財産として大切に差別もなく育てられたという。それが農民の情念であり、民衆が生き抜く知恵であった。

第2章　情念の展開

人にも国にもそれぞれの栄枯盛衰のドラマがある。そしてドラマである以上、その中には喜怒哀楽の波風が途切れなく漂い大きな歴史を作っている。情念は誇れる歴史と愚かな汚点の歴史を創りだしている。

第1節　すばらしき情念

感情の表出は自分の身を守り、獲物を獲ったりして動物が生存するために必要な基本的な能力であり、動き、ジェスチャー、そして声、表情などが総動員して用いられている。その能力は進化した類人猿にも受け継がれ、喜びを表わす体の動きや声、怒りを表わす際に何かを打ちつける体の動きなどもできるようになり、そこから体系的な感情表現ができるようになっていった。

フランスに残っている約一万五〇〇〇年前のラスコー洞窟壁画や約三万二〇〇〇年前のシューヴェ洞窟壁画は感情表現の一つの証拠となりうる。鍾乳洞の奥の壁に、牛やバイソン、トナカイなどの生き生きした動物の姿が描かれている。奥深い洞窟の中で松明の火を頼りに描かれた数百体の動物は祈祷や呪《まじな》いの儀式として描かれたと考えられ、揺らぐ炎の中で見る姿には神聖で畏敬の念すら感じさせるものがある（木下、二〇〇九）。そして洞窟という特殊な空間での音の響きや反響はその神秘さをさらに深めている。知らない人を連れてきて松明の炎で照らされた動物の絵を見せ、唸り声や石をたたく音の洞窟内での反響から、描いたネアンデルタール人は自分たちの力と能力を誇ったのかもしれないという姿が想像される。

これらを眺めると人間の情念のほとばしりを何かで表現し、それを人に伝えたいという欲望ははるか昔から連綿と続いてきている特性で、それを止めることは誰にもできない。人はあらゆる手段を用いて自分の情念を表現しつくしたいと思い、その軌跡が地球上のあらゆるところに刻まれている。しかしこれら洞窟壁画が誕生から成熟、そして描かれなくなるまで三万年近く続いていたというのは驚きであり、その技能は人を介して継承されていた証である。

人間は何かを感じ、それを表現する動物である。人を愛すれば、うれしさと愛おしさで自然に体が動き、その愛おしさを相手に伝えたいと思う。反対に周囲の人に対して嫉妬や憎しみに荒れ狂うときがあるかもしれない。そのすべてが絵画や音楽、体の動きなど人間のあらゆる活動の中に表現されている。単に喜びだけでなく、それらの苦しみもまた芸術家という人びとは表現する技術を修練の中で身につけてきた。取り澄ました情念の芸術や美辞麗句を並びたてた芸術にはあまり魅力を感じないし、心の躍動は見えてこない。夕陽の荘厳さ、自然の風景の綺麗さ、働く人間の姿、喜怒哀楽を素直に示す人間の姿などに感動し、われわれはその感動を表わし、他人に伝えわかってほしいと思い、自然に表現し他者との絆を形成していく。

約一万五〇〇〇年前に文字が発明された後、情念は文字の中に記録されることが多くなった。情念が主題とならない芸術はなく、文字にすれば、それは演劇であり、詩であり、歌である。言葉は複雑になり語彙も増えていった。漢字の例を取り上げれば、りっしんべんを持った漢字は四〇〇種以上にもなり、先人がいかに自分の心を的確に表現するために苦労して新たな言葉を作り、他のさまざまな漢字と組み合わせて自分の心情を表現しようとしていたかが読みとれる。日本語の感情語は二〇〇〇個以上もリストアップされ（中村、一九九三）、文字で表わすことができなければ五感を利用した光や音、音楽、動作で表現した。

恐らく最初の感情表現が示されたのは体の動きであろう。五穀豊穣、戦闘での勝利、無病息災を願う祭式に際し、嬉しいときの体のふるえは踊りとして表われ、悲しいときにも、怒りのときも体の動きで感情の激しさを表現した。動きは反復され、その律動性が快感や陶酔感を起こし、集団の結束と一体感を高めたに違いない。それが洗練されて、バレエやモダンタンスなどになり日本では日本舞踊の形で残されている。

限られた空間の中、身体のみを用いて一人で舞う日本舞踊の中には情念の神髄が隠されている（井上、一九六〇）。西洋のダンスやバレエに見られない洗練さで、無条件に日本人の心の中に響くものがある。見えないところの足の曲げ方、足の運び方、腰の位置、首の角度、手の向き、そして指の微妙な角度などのすべては、あらゆる感情表現の手段として発展してきた。そして非常に複雑な「色気」という優雅さまでも表現できるようになった。その日本独特の「色気」といわれる表現は総合的で洗練された体の動きがあって初めてできるものである。代々伝えられてきた舞踊を自分のものとして、見えない体の線を計算しつくし、一体として演技する技能は一朝一夕にしてできるものではなく、きびしい修行と才能の賜物であろう（井上、一九六〇）。集団で踊る日本舞踊にも派手やかさも見られるが、独演には一人ですべてを表現しなければならないという激しさがある。目の些細な揺れがその芸の揺れを示しており視線の使い方一つにしてもおろそかにできない。

ついで自然発生的な感情表現は音や音楽であろう。虫の音、小鳥の声、風の音、川の流れの音などは周りに満ち溢れている。そして嬉しいときは自然に叫び、怒りのときは唸り、悲しいときに泣き、また周りにある石を取って壁を叩き、足で大地をけり、あらゆるものを利用して音を作り、それが自然とリズムとなり、それが人に訴えられ、感動を与え、伝えられていった。約四万年前のドイツのホーレ・フェルス洞窟では骨で作った笛が発見されている（ヴァーリン、二〇一三）。それらの楽器が発展して民族音楽として長きにわたり演じられてきた。近代に至りそれらは古典音楽となり、現代においては交響曲、民謡、歌謡曲などあらゆる分野の音楽として情念の表現法は残されている。

作曲家の感動から湧き出た曲が聴く人の心を揺さぶるように音楽は人間の感情を揺さぶる力がある。交響曲一つとっても、悲しい曲、楽しい曲、恐ろしい曲と人生の情念を増幅するかのように、ある時は人生の奮闘の後押しを、また別の時は悲しみの慰めにもなってくる。曲を聞いて涙を出すこともある。

音楽と感情には古代から続いてきている独自のパターンがある（ジュスリン＆スロボダ、二〇〇八）。嬉しくなるような曲は速くて、流れるようなテンポ、中間的な音の大きさなどで表わせられる。一方、悲しい曲はゆっくりした拍子、短調で、音の大きさは低く、一様に保たれた音調などの特徴を有している。また恐ろしい曲は急速で気まぐれのテンポとリズム、行き当たりばったりで緊張した不協和な和声、強烈な和音と音の密集、突然炸裂する音などの技術を用いると表わせる。作曲家は自由自在に音によって物語を作ることができる。それらによって、美、至福、平静、心の安らぎ、歓喜、エクスタシー、楽しみ、興奮、陽気、期待、魅了、感謝、幸福、希望、喜び、愛、愛らしさ、有頂天、充足感、温かさなど、ここで書ききれないほどのあらゆる感情を表わすことができる。音楽はまた、怒り、苦悶、心配、葛藤、失望、恐れ　憂うつ、憎しみ、苦痛、悲しみ、おびえ、不安という言葉で表わされる感情をも表現できる。文字情報にも視覚情報にも頼ることなく、時系列変化を伴った音情報だけで感情を伝え引き出すことができ、作曲家は霊感やインスピレーションに助けられて創作意欲がたかめられ、これらの音楽で十分人生の心の動きを表現してきた（ハーヴェイ、二〇一〇）。

これを指揮者や演奏家は想像力を駆使して、音だけで楽譜の中に含まれる情念と意思を汲み取り再現しようとして苦しみもがき、観客の前に示してくれる（伊東、二〇一一）。指揮者によってテンポや大きさ、強調すべきところが異なり、後世の音楽に幅を持たせていて面白いところがある。今では録音という技術により、一瞬に音情報が世界中に伝わり、広く人びとの心を楽しませてくれている。モノラル音、ステレオ音と技術は進歩し、さらにはデジタル音と、再現の忠実性は安価に手に入れることができるようになった。

ついで感情表現は視覚に訴える絵に移っていくのは自然な流れである。人間の情念の現われを絵画の中に求めたとき、人間の感情のすべてが表現されている。喜怒哀楽のどれ一つとして絵画の主題として描かれていないものはない。絵の技法は時代とともに進歩を遂げ、複雑になってきているが、昔の壁画の絵の拙い技法の中にも、ほとばしる感情の現われを見ることができる。何気ないエジプトのファラオ時代の壁画の戦争や食事の場面、ギリシヤの壺の絵の人の姿の中に表情はわからなくとも、時代背景から製作者が何を描きたかったかが見えてくる。それがたとえ為政者からの要求であったとしても作品の中に当時の情念の息吹が表わされている。そうした中で人間の最も根本の情念が表わされている対象は時代変遷を受けてきた人間の身体表現の中に見ることができる。

神を信じる時代にあって古代人は、人間や動物の姿に似せて神話の世界の神々を描き、自然現象や人間世界の出来事の情念の理を表現しようとした。作物の豊作、戦争の勝利は神からの恩恵であり、戦争に負けること、嵐が来ることなどは神の怒りであると考えた。そして神を称え、また恐れ、あるいは神を鎮めるために、人間や動物に似せて神の姿を描きそれらを祀った。西洋では人間の姿の場合には、その中の神の像の多くは裸体であった。しかし神の表現であったとしても、そこに性の要素がまったくなかったかと問われると疑問といわざるを得ない。ミロのヴィーナスの完全なる均整のとれた身体は荘厳であると同時に魅力をも感じさせる。ポセイドン像の男性像も神の姿を借りているとはいえ男性美を表現しているともとれる。古代オリンピックにおいて競技者は男性に限られ、すべての競技は神々の捧げものとして全裸で行われたという。ギリシヤ時代の壺に描かれる絵では女性は衣服をまとっているが、多くの男性は全裸であり、一部にはそれらは力を誇示する当時の情念の表示であったといえる。

そしてローマ時代の彫刻や絵はもう少し官能的な形に移っている。その代表例が前にも述べたポンペイの壁画であり、もう少し直接的な表現でもって人間の情念の姿が描かれている。キリスト教が趨勢を極めるにつれて、人間の情念の表現は、神への畏敬の念が中心に描かれ、他は「七つの大罪」という形で抑圧されていくようになり、愛や性にまつわる表現は歴史から消え去ってしまった。

その宗教性が減っていくのはルネサンスの時代からである。経済発展に伴って市民階級や商人階級が中心になっていく中で、もはや人間の欲求を禁欲主義の中に押しとどめておくことはできなくなってきた。文学を始め、絵画や彫刻の中に、人間のありのままの姿を表現する文芸復興といううねりがイタリアやオランダを中心として起った。一五世紀の有名なボッティチェリの「ヴィーナスの誕生」や「春」の絵は神としての女性の裸体画を中心に描かれている。その当時、決まりごとがあり、神話の世界を型どおりに描けば宗教に関係していなくても裸体画は教会からの発注が存在した。そもそも描かれた女性は神、特に愛の神アフロディテであり、人間の女性と見ることは禁じられていた。したがってそこにはエロチズムは存在せず崇高な神々の一場面がたまたま女性の姿を借りて描かれているだけだった。もしそうでない裸体画があったとしたらそれは注文者の趣味で寝室の奥深くに隠匿され一人の鑑賞に供されるだけであっただろう。

ティツィアーノの「ウルビーノのヴィーナス」もまたそのような神聖なる背景で描かれ、教会はとがめもなく受け入れていた。しかしそこにはモデルがおり、愛欲の限りない表現が隠されているように見えるが、これが神話の世界で素晴らしい絵画であると広く認められていた。これをモチーフして一九世紀に描かれたマネの「オランピア」はパリの娼婦をモデルとして神話的要素の無い生の人間を描いたことで批判を受けた。同様のことが神話の世界の「パリスの審判」とマネ「草上の昼食」の比較からもいえる。似たような構図を描きながらも後者の描写は生の女性の裸体を描いたために一九世紀には批判された。この絵は裸の女性がいるにもかかわらず、その女性がピクニックで無視されている視線の配置である。

男性にとって女性の美は永遠の存在であろう。語ろうにも語り尽くせず、描いても描ききれない存在であろう。まして妻や愛人の一瞬の美を前にして、やるせない表現意欲を感じた画家もいただろう（西岡、二〇一二）。描いた絵にドラマはつきものであり、ドラマのない絵はつまらない。後世のわれわれは解説書を通してそのドラマの一抹を知ることができる。ピカソは「ゲルニカ」の中に愛人を描き、ロセッティの「ベアタ・ベアトリクス」は嫉妬で苦しんで自殺を図った妻の姿を描いているという（宮下、二〇一三）。一九世紀の画家にとって、新しい美と満足、快楽、陶酔感、精神性を求める中で、今日でいうところの放蕩、浮気、不倫はすべて大目に見られ、それらがすべて芸術を生み出す原動力とみなされていた。そんな苦しみと居直りから、二〇世紀の絵画と音楽の中にはルネサンスの残骸から離れて真実の人間の姿と情念を表わすいくつもの新たな表現法が発見された。

絵はまず直接に見て、感じることが第一である。普通の人はそこで終わりであるが、もう一歩中に入り、時代背景、作者のドラマを知ることによって、その見方が一段と深くなる。そして再度原画を見ると別の感動と情念を感じることができる。それが芸術の鑑賞ともいえるが、世界の五大美術館に行って見てきたとしても一度ではそれは何にも見ていないのと同じである。真に絵を見たいと思うなら勉強した後に再度見る必要があるのかもしれない。

自然に対する美意識も時代とともに変わってきている（田中、二〇〇九）。日本人は、古来、自然を詠う感性というものを持ち、万葉集などの和歌の中に表現してきた。四季の変化、野辺に咲く一輪の花にも感情をこめて詠い、それが発展して水墨画や絵として描かれ、また庭園の中に再現された。しかし西洋の風景感は違った形で今日に至っているようで、風景は変わらないが見方が変わってルネサンスまでは風景画というものがなかった。単にギリシヤやローマ時代の遺跡に美を見出して描かれており、一七世には幾何学模様の庭園が造られ、ベルサイユ宮殿などで見ることができる。風景の美が認識されるのはイギリスの若者がグランドツアーでアルプスの自然に感動を覚え、それらが一八、一九世紀の風景画を創出したといわれている（田中、二〇〇九）。日本庭園は自然の再現であり、また別に京都、竜安寺のような禅宗的な中に情念を反映している。西洋では黄金分割が美の基本になっているが、日本では白銀比が基本であるという。民族、風土によって自然の美の意識は異なり、北欧での雲の流れ、南の砂漠の風景から「もののあはれ」は出てこない。

何も情念の表出は、舞踊、音楽、絵画だけにあるのではない。人間の偉大な夢に向かっていく行動の中にも人類の情念の大きな軌跡を見ることができる。今を生きているわれわれにとって、素晴らしい時代を見ることができた例を挙げるならば、迷わず、月から見た地球の姿を、テレビを通してリアルタイムで見られたことが挙げられる。宇宙と地球の関係は、長く天動説に支配され、太陰暦では何年に一回は一二ヶ月のさらに一ヶ月が付け加わって暦を作らなければならなかった。そして地動説で初めて星の運行は合理的に説明され、太陽と地球と月の関係が理解されるようになった。

人類は長く月を眺めて大いなる想像力を働かせていた。日本に伝わるおとぎ話では月にはウサギがいると物語られ、月に人間が行けるとは誰も思いもしなかった。それが一九六一年のソヴィエトによる有人宇宙飛行の成功とケネディ大統領の情念でもってアポロ計画がアメリカで動き出した。日本はその当時、東京オリンピックに向けて国中が湧いていた時期であった。一〇年以内に人類を月に送ると大見栄を切ったケネディ大統領は一九六三年に暗殺されたが、アメリカは一九六九年に実際に人類を月に立たせた。

人類が自分の目で月から地球を眺めるという実際に機会が来たことは人類の英知の成果でもあり、人間の限りない能力の勝利でもあった。月から見る地球は丸く、美しく、神々しくあった。特にNHKが実況中継した日本の人工衛星「かぐや」による月から見る地球の「地球の出」は印象深いものがあった。月の地平線から、青い地球が次第に昇ってくる様子は、神聖さそのもので、この地球という小さな星に自分たちが存在していることの不思議さを感ぜずにはおられなかった。広い宇宙の中で現在のところ生命が存在していることがわかっているのは地球だけである。生命の可能性がある星は数多く見つかっているが、未だ火星に生命が存在するかどうかも定かでない。暗い宇宙を背景に青い地球がぽっかりと浮かぶ姿はこれまで人類が見たことがなく孤高を保つ神聖な姿に見え、そして地球もまた一つの惑星であることを実感させてくれるシーンでもあった。小さな星の中で争いをしている醜さ、地球という自然を破壊しながら繁栄しているという醜さをまざまざと実感させてもくれる姿でもあった。しかし人類は次のステップとして、火星に人間を送ろうとしている。もし人類が火星に生命の痕跡を見つけることができたならば、これもまたわれわれの意識の大変革を引き起こすであろう。宇宙でわれわれは一人ぼっちの存在ではなく、他にわれわれと同じ生命が存在しているという安堵感は本能として絶対的な安心感を育み、反対にもし地球が唯一の生命体の存在する星であるとするならば、地球は宇宙で貴重で特異的な存在といえる。もし火星に生命の痕跡があったとしたら、本当に人類にとって大きな思想的変革になるだろうが、残念ながら、いまだ確実な生命の痕跡は見つかっていない。

第２節　情念の暗い姿

感情や欲望の素晴らしい点は歴史の中に陽に現われることは少なく、目についてくるのは、感情や欲望の嫌な場面ばかりである。歴史の示すところは、有史以来、国の興亡や国境の変更は常であり、人間の感情や欲望の限りない姿をさらけ出している。歴史の面白さは史実のみにあるのではなく、登場人物の情念の動きの中にこそあり、歴史上の人物の心の動き、すなわち感情と欲望に想像力を働かせ、感情移入する中に歴史の醍醐味を感じることができる。どのような立派な人でも、地位、名誉、金銭の渇望からは逃れることはできず、そのことが人間の原動力になっている。

最初に述べたいのはヨーロッパでの黒死病の時代の国民感情である。死の恐怖は避けることのできない奇妙な行動を示した。黒死病は正式名称をペストといい、ネズミを媒介とするノミから人間への感染である。一四世紀、ヨーロッパの人口の三分の一、二〇〇〇—三〇〇〇万人が死亡するという悲惨な状況をもたらした。一旦感染すれば人間の間で感染すると恐れられた。感染の原因も治療法もわからない時代の出来事で、民衆は途方に暮れた暗い時代を過ごした。

当時のヨーロッパの街並みは城壁の中に街を形成していた。三〇〇〇万人からの死者が出たということは、いつ何時自分も感染して死ぬかもしれないという恐怖が襲い、民衆は右往左往していたに違いない。この病気が次から次へと近隣から広がってきたとき、恐怖は街の出入り口を封鎖し、旅人を入れないという強硬策も取ったし、もちろん感染した人の差別も行われた（ドリュモー、一九九七）。それでも感染を防ぐことはできなかった。そうした中で金持ちや貴族はさっさと田舎の隔離された所に避難をするチャンスを作って逃げていき、何もできない民衆はパニックに陥り、旅人に疑いをかけるという集団ヒステリーで旅人が排斥されたことは容易に想像される。黒死病による感染症、飢餓による集団逃避、そして現代でも続く戦争による避難民の行動は、すべてが恐怖に伴う行動である。数多くの避難民が国境を越えて移動してきた場合、そこの住民は博愛の精神で救助の手を差し伸べるという一方で、逆に感染者を排除したいといって城壁を閉じるといった行動を示したのがヨーロッパの黒死病の流行時に民衆が採った行動であった。

また戦争による民衆の恐怖は、多くの避難民をつくり、その避難民が玉つきのように、またはドミノ倒しのように次々と隣町に侵略するという行動をも引き起こした（ドリュモー、一九九七）。特に中国の元が東ヨーロッパに攻め込んできたときには、反抗すれば老若男女問わず皆殺しという民族浄化的な噂が伝わり、街の住民全員がパニックに陥り、その残虐さに慄いて、攻めてくるとわかれば恐怖心から全員が自分の街を捨て、逃避をするのは当然のことであった。結果的にはその逃避が隣町への侵略になり、更なる悲劇を生み出していった。親しくしていた隣町の全員が自分の街に移動してくる異様な姿に戦き、城壁を頑固に閉じるには複雑な思いがあったであろう。ペストや戦争による死の恐怖の前に旧知の住民同士の共生という考え方はその当時存在しなかった。恐怖による民衆の動向には、後に考えると何故あのときあのような無残な行動を起こしたのかわからないといった傾向がみられる。

そしてヨーロッパでもう一つ情念の暗い面を上げるとすれば魔女裁判という事件が一五世紀から一八世紀にかけて起ったことである。魔女狩りともいわれ、数万人が犠牲になったともいわれている。一種の集団パニックで、どこの地方でも国でも起こりうる恐怖による民衆の異常行動であった。古来、人間は自分たちに理解不可能な出来事に対して超自然的な神の存在を信じ、それによって自然現象を説明してきた。これがアニミズムの始まりで、人は常に自然の脅威や獣の恐怖に慄いて日常生活を送らなければならず、明日の命も保証されない時代で、唯一呪術が救いであった。そこには集団で行動する知恵が隠されており、集団を陶酔状態に陥らせる手法が用意されていた。

その典型例が魔女狩りという現象であった（田中、二〇〇八）。魔女狩りはキリスト教の異端審判から始まったともいわれる。組織というものはつねに分裂の危険性を持ち、思想的な団体には必ずといってよいほど思想の多様性からつねに新しい考えが芽生えてくる。その考えは新鮮に見え時代を変えていく力を持っていくようになる。とすると旧態依然とした集団はそれを理解できず、それらが組織破壊行為と映り、異端として排除に乗り出す偏狭性を常に有している。異端審判はそのような人間意識から起こったものである。それが拡大し、当時の民衆裁判とも結び、悪魔思想や民話とも関連して拡がっていった。悪魔が乗り移って子供を捕えて食べていた、男を誘惑した、異端の神を崇拝していたなどと密告され、それが集団の不安と結び付き、集団パニックで多くの人びとが公開処刑された。今から思えば、たわいもない原因ではあろうが、子供が行方不明になれば悪魔の仕業であり、欲望が高まるのは悪魔の仕業であるとしか知識のない時代では民衆は真剣であった。個々の力は小さくても集団となると反論は許されず、ましてや救済の弁護は命取りになる時代では自己保持のためには大多数に従わざるを得なかった。もちろん禁止令は何度も出されたが、二、三〇〇年間の負の情念は止められなかった。一部勇気ある人達の反論で一七世紀には衰退していくが、この現象の中に人類の負の情念の強い現われをみることができる。

最近の説によれば、魔女裁判では無罪になった人も多く、処刑された人数はそんなに多くないともいわれるが（田中、二〇〇八）、関係のない個人的な独善、住民の不信感、個人的な憎しみや復讐などに魔女裁判が利用され犠牲になった人も多かった。異質なものを排除し多数に従うという人間の情念の強さは理性を凌駕し、その時代を支配した。それによって不安の代償とした。現代においても、言葉は非国民、裏切り者に変わり、似たような排斥があり、ＩＴ社会を利用して社会的抹殺を図ろうと思えば、簡単にできそうな社会が広がっている。付和雷同する民衆はいつの時代もおり、無責任な行動で欲求不満をぶつけているところがある。

人間の欲望もまた歴史の中で奇妙な事件を引き起こしている。その代表例としてオランダのチューリップ・バブルに見ることができる。チューリップはトルコから中央アジアが原産であるが、チューリップは品種改良しやすく、突然変異が起こりやすい草花という特徴がある。偶然によってか、それが一六世紀の中頃オランダにもたらされた。きっかけは何かわかっていないようであるが、珍しい品種が高額で取引されたようで、珍品一個の球根に高額の価格が付き、チューリップ・バブルが起こった。最初は商人の間の趣味的な出来事であったものが、それが先物取引的に庶民の中に瞬く間に広がっていき、球根一個に家一軒という取引や、来年のまだ見ぬ球根に家畜をかけて取引するなど、まさに群衆心理の典型が起こってしまった。欲望に駆られた人びとが投機の流れに乗り遅れまいとして、たいして珍しくもない球根に大枚を投じた。当然のことながら、このチューリップ・バブルは三、四年でしぼんで、あとには多くの庶民の犠牲が残った。今から思うと、たかが球根一個に家一軒をかけるというのは異常な心理といえるが、欲に駆られた人びとの前にそのような判断は無力であった。

世界を眺めれば、日本の土地バブル、アメリカの住宅・不動産バブルといった、似たようなバブルに踊らされる民衆の姿をどこにでも見ることができる。そのような意味で、欲望のこのような姿は歴史を通じて連綿とつながってきているると見なければならない。

さらに欲望の姿を、より拡大して観察し一人の人間に焦点を当てるならば、個人が起こす欲望の無限性は、さまざまな書物の中で取り上げられており、ここで議論する必要はないくらいである。箍《たが》の外れた欲望の表出は時に残酷なものとなり、時に巨大なものとなって歴史上に残ることになる。欲望だけというより感情を伴ってのことでもあろうが、巨大建築物はその例である。エジプトのピラミッド、中国の万里の長城は情念の表出であり、その血脈は現代においても続いてきている。現代においても地上五〇〇mの建物だ、八〇〇mの建築だと競う人間の姿は、ピラミッドの大きさが次第に大きくなっていく姿と同じく見えてくる。千年後にこの行為はどのように歴史の中に刻まれているか興味あるところである。

もう一つ人間の欲望に伴う行為の一つとして取り上げたいのは、インカ帝国の滅亡にかかる物語である。一六世紀中頃、スペイン国家は強大であり、現在のメキシコを植民地にしていた。目を向けて南アメリカ大陸に侵略するのは時間の問題であった。当時南アメリカにはインカ帝国が存在し二〇〇〇万人近い人口を抱えていたといわれる。そこにわずか二〇〇名弱のスペイン兵が到り、インカ帝国を滅亡させた。単に力で滅ぼしたにしては無理な話で、天然痘が北から流れ込んで滅亡を速めたともいわれている。一部、銅版画に写されている火あぶりや縛り首などの光景は、われわれが想像する地獄と同じ光景である。この行為が国家の意志としてスペイン国王より征服の許可が下りていたという。その理由の一つがキリスト教以外の邪教を信じているためにインカの人びとは人間とみなさないということであったようであり、人間ができうる残酷さには限界がないというような記録が残されている。

たった二〇〇名弱の兵士によって滅ぼされた理由はともあれ、当時この地に金や銀などの貴金属が豊富に産出していたことが、二〇〇人のスペイン人の目を曇らせ、インカ帝国の皇帝を殺害し、民衆を虐殺していったことは想像される。黄金は長い歴史の中でつねに人を惑わすものであり続け、また同時に富の象徴でもあり続けた。西洋から見れば未開人でアニミズムに染まっていたインカ帝国を攻め滅ぼすには何のためらいもなく銃があれば充分であった。そして帝国は滅ぼされた。その黄金や富はすべて本国であるスペインにもたらされたという。黄金の前に人間は何とも弱い存在で、一国をも滅ぼす力を持っている。この欲と感情もまた、地球上で現在まで継承されてきている。労働力としての奴隷の売買も人類の歴史の汚点で、現代にまで強く社会に影響を及ぼしている。アフリカの紛争は、ダイアモンド、石油、貴金属などの資源を巡る争いに端を発しているともいわれている。さまざまな紛争の理由はあろうが、根底には欲に絡んだ人間の姿がある。

その他、感情が歴史を動かした例を挙げるに暇はない。特に一般にネガティブな情念といわれる嫉妬、怒り、恐怖、劣等感、卑下、怨み、妬みなどにより、歴史が動いた例はいくらでも挙げられ、むしろそれらによって歴史は動いているとも考えられる。支配者の表の皮を一枚はげば、怨み、妬み、恐怖感で行動が決まっているのかもしれない。また民衆は無責任をいいことにして結果として世の中を不安定にしていることも知らずに当面の苦しさや面白さに騒ぎ立てているのかもしれない。理性でもって反応し、感情を感情でもって対処すべきではないとの思想は情念の表出の前に出現が抑えられている（福田、二〇一三）。

第3章　情念の継承

ここでいう情念の継承とは何かについてまともに考えると難しいものがあり、継ぐべき情念の具体的なものは何か、技能でも知でもないものとは何かなどの疑問に答えなければならない。伝統を守る、親の心を継承する、故人の遺志を継ぐなども含まれ、範囲はさまざまであるが、喜びの感情、愛しさの感情、悲しみの感情など、感情は果たして本当に受け継がれていくことができるものなのだろうかという疑問が根本にある。

感情は経験を通して体得され、経験したことのない未知の感情は理解しようにも真の理解には程遠い。恋愛をしたことのない人に男女間の愛を理解しろといっても土台無理なことであり、小説や映画などを通してそれがどのようなものであるかを知ることができるが、その心のときめきを感じることはできない。初恋をしたことのない人に、好きな女性と話を交わす心のときめき、赤面の恥じらいを感じさせることはできない。彼女、彼氏といるときの心の安らぎ、愛おしさは言葉で何百回表現したとしても真実には程遠いであろう。「悲しい」と書かれた感情は一語であるが、人間が真に体験した悲しみは、その一語の前後にどれほど長い説明文を付けたとしても悲しみの複雑さや奥深さを表現することは不可能である（内田、二〇一三）。

そして感情には表現した場合、つねに「嘘」「虚偽」「演技」が付きまとう。お化けが怖いといえば人に伝えることができ、うれしさは「うれしい」といい、それも人に伝えることができるが、言葉に出している本人は怖くはないかもしれないし、うれしくとも何とも感じていないかもしれない。文字に書かれた文章はきれいに化粧され、時に人間の嫌な情念部分が隠されてしまう。直接の感情コミュニケーションにおける嘘は見破られなければならないし、また人間は見破ることができるように能力を進化させてきた（福田、二〇一二）。なぜなら悲しそうにしている他人に騙されないようにしないと、自分の全財産が盗られてしまうかもしれないし、極端には命までとられるかもしれないからである。言葉から嘘を見分けることは非常に難しい。

それでは「情念の継承」とは、情念の特性から見て不可能なことなのだろうか。知の共有は簡単であるが、感情の共有は言葉として、先ほど議論したように虚偽の入る余地があるために共有することが難しいのだろうか。しかし情念の表現を術とする技芸の世界では不可能であるといって放っておくわけにはいかない。歴史から見て人類の情念は続いてきているし、特に芸や技能などの芸術や工芸の分野での継承は、技術や技能だけではなく情念の継承、心の継承が大切であるといわれている。芸術は感動の表現であり、感情の発露の結果である。それに最高の技術が付いてその芸は完成され、そこに到達するために長い修行と精進が求められた。何もしなくて生まれながらの天才はおらず、完全を追い求め、苦心惨憺して追い求めたものが時代の人びとの心を捉え、それを人びとは称えて後世に作品が残るのである。

第1節　技芸の継承

日本には文化として能を筆頭に、歌舞伎、文楽、茶道、華道、香道、日本舞踊、邦楽、日本料理、工芸など多様な技芸が今に伝えられている。そこには単なる技芸だけでなく、それらに伴う情念もまた連綿と受け継がれている。能を例に挙げれば、それらは世阿弥の「風姿花伝」のような奥義が文字として伝えられることもあるが（世阿弥、市村訳、二〇一一）、多くは口伝であり、所作の技法の伝授であった。能には、現在、五つの流派が存在し、宗家・家元は能楽関係のシテ方、ワキ方、狂言方、囃子方の頂点に立ち、家元は「自流の能の演出、発表に必要な舞い手、または謡い手として必要な内弟子を養い、各地方に散在する教授とか師範とかいうものの芸道を取り締まり、かつ指導せねばならぬ」存在である（夢野、二〇〇九）。また一座の経営について責任を持つ立場にあり、一座のブランド、お家芸、トレードマークを作り、ブランドの品質を保証していく立場にあった。そこから「家元ばかりはどんなことがあっても衣食に困らないようにして、芸道の研究に生涯を捧げ、時流に媚びず、批評家に過たれず、一意専心、自己の信念に向かって精進せねばならぬ」存在でもあるといわれる（夢野、二〇〇九）。そのようにして能楽は四〇〇年の間、日本で維持されてきた。そこにはあらゆる苦悩があったに違いなく、「進歩はいいですけれど、退化は許されない、改編も許されない、新しい工夫をしてはいけない」といわれている（原田、二〇一〇）。四〇〇年間受け継がれていく芸の中にあって、その内容は人間が伝えていくものである。能力の問題もあっただろうし、実子相続だけでなく養子相続をも取り入れていかざるを得なかった。若者は成長の過程で既存の芸に大いに疑問を持ち、悩み、時には脱落していくこともあっただろう。ある場面では「古い伝承をいろいろ見て、あ、これは面白いことが書いてあるなと思ってお稽古のときにやったんです。早速親から言われました。『教えていない。どこでそんなもの習ってきた。どこで工夫した。まだ許していないのに勝手にするな』と言われました。『書いてあるものはいい』とその時教えられました。自分で工夫したり、自分の発想は駄目。それをしたらどんどん崩れる」と（原田、二〇一〇）。人間は若い時、外に向かって羽ばたき、よく見せよう、カッコ良くしようと余分な心や慢心をもつものである。それを内に秘め完成を目指して精進するというのは若者にとって一度は通らなければならない迷いの道であった。そのようなことができるのは才能であるのか、それとも幼児の時から練習風景を見て育ち、音を聞き、親の振る舞いを見て育ったことが影響しているのかもしれない（光森、二〇〇三）。

その中で血縁の継承が優遇されるのはおそらく芸の厳しさの所以と、人間の業《ごう》の問題からであろう。厳しさは自分の子供であればある程度まで許され、人間の業は祖先の偉業、この地位を誰にも渡したくないという執着心と複雑な野望が混ざっての血縁襲名になっていくのであろう。自分の子供に才能があるという保証はどこにもないし、そのような伝統を受け入れなくてはならないことは変化を求める若者にとっては厳しい状況である。そうした中、他人の子供には厳しくできないが、自分の子供に厳しくして跡取りという存在の中に、また長子相続制のもとの長男に弟より厳しくするという中に伝えたいと思う親の情念が見え隠れしている。

ここで議論しなければならないのは芸の継承の中の心、すなわち感情成分である。それには二つのレベルがある。第一は単なる直接的な喜怒哀楽の感情で本能的で激しい表現を伴う。第二のレベルはそれを超えた無心という状態の「愉」の心情である。能の世界では「下位の芸」「上位の芸」ともいわれる（源、一九八九）。その芸の初代が見た夢や、初代が芸を演じる中で感じた恍惚感の内容はおそらく伝えるのが難しい後者の部類に入る。芸を見極める過程では情念が乗り移る瞬間、そのものになりきる恍惚感や陶酔感が必ずといってよいほど伴い、厳しい修業する人にはつきものの麻薬のように追い求める作用がある。それは些細な快感であるかもしれないし陶酔状態の無我、無心の境地であるかもしれない。別の言葉でいえば、認知的脳の働きが一時停止し、下位脳が働くだけの状態かもしれない。その状態は年功を積んで体験した者だけが見ることができる世界で、経験したことのない他者が見ることはできない。たとえ経験できたとしても、無我の境地の色彩は異なり、脳に浮かんだキャンバスの絵はそれぞれ人によって異なったものである。そのような修練を積んで初代の芸は確立されていった。

ここでいう無心とは、鎌倉時代の仏教用語からの借用で、心の無いことではなく「無心の感」をさすプラスの感情である（源、一九八九）。そして無我の境地は自己の相対化であり、演じている自分を見つめる自分がいる離人的な心境で、舞台でのあらゆる状況変化に対応できる多様性と汎用性、即興性と融通性を与えていた。そこから悲しみが単に泣くということを意味しているのではなく、そこに含まれる悔しさ、無念さ、やるせなさ、無常観の変幻を表わすことができる融通性と無限に広がる情念の世界を与えていた。また無心は意識の気配りの自由度を与えた（西平、二〇〇九）。能ではこれを用心といい、「いかに意識によって意識の働きを操作し、いかに意識の働きを消すか」が問われていた。「自分の意識の及ぼすところに欠陥が現れるのは……用心が足りないのではなく、むしろ用心を気にしているというその点が問題である」という。そこから何も気にならず、自分が足を動かしているのではなく足に運ばれているという自然にふるまえる無心の心が出てくるのであろう。このような無心は文楽でも、作陶でも、刀鍛冶でも、日本舞踊でもすべての技芸の中にある（高遠、二〇一三）。周りのあらゆる作事所作の中に含まれる秘跡に相当し、技芸の中に現われてくる。これに対し観客は芸を披露する人と同じく感性を磨いていかなければならない。そして役者によって表現されたものが、本当に心から迸《ほとばし》る感情なのかを見極める必要がある。時に技術だけでごまかされることもあるからである。その点から名人の後を継ぐ者は、比較や相対という厳しい審査を受け、独自の世界を築くためにより一層の修行が求められる。親の力では上手になることができるが名人になることはできない。

他の技芸においても同じようなことが起こっているはずである。しかし人形浄瑠璃などの技芸のいくつかは国や自治体が保護しなければ、日本の文化として継続することが保てないところに来ているといわれている。日本ではこれまで貴族階級、武士階級、商人階級がこのような文化の振興や継承に重要な役割を担ってきたが、没落または余裕がなくなり、民衆の力だけでは技芸を継承する人びとの生活を維持させることができなくなってきた。知の継承という面では大学が手厚く保護されているが、技芸の分野では国の関与は小さい。百年先、千年先、古典芸能が未来永劫において も感動を与えられるとするならば、その多様な情念の表現法の一つとしての古典的芸能に対しては税金を投じてでも守り伝えていくことに価値がある。

第２節　食の継承

茶道は千利休によって確立したといわれ、その後いくつかの流派に分かれたが、江戸時代の武士階級、商人階級の支持によって維持されてきた。禅宗の影響もあり、独特の「わび」「さび」の世界をつくり出し、今日において日本文化の大きな一翼を担っている。

茶道の中には、自然を味わう、季節を味わう、色を味わう、容器を味わうといった食に関するもろもろの要素が凝縮され、芸術の域にまで達した精神世界を表現している。お茶に伴われる和菓子一つとっても、春には淡い緑を、夏には清涼感を求めて淡い青を、秋には紅葉をイメージする淡い赤などと、春夏秋冬それぞれの季節を感じさせる和菓子の図案と木型、作り方が職人の手によって何代にもわたって保存され供されている（山本、二〇一四）。そしてつねに新たな風流を求めて職人は先人の風流を越えようと和菓子の製造に励んでいる。色合いと風味、形は、季節に、時間に、人に合わせて作られ、さらに色合いと形は容器によって強調される。

茶道における茶の粉も芸術である。葉を摘み取る時期、葉の選び方、蒸す時間、揉み方、石臼での挽き方といったすべての過程が総合されて、あのうま味のある抹茶ができてくるのである。色と泡の立ち具合、それに温度、香りが合わさって、選ばれた茶碗を口元に持って飲む瞬間が至福のときで、茶席での主人のもてなしが最も感じられるときである。口に広がるうま味と苦みの微妙なバランス、そして直前に食べた和菓子の甘さが混じり合って味の無限の空間が広がっていく。

茶室を構成するすべてのものが客をもてなすために調和を持って整えられている。床の間を見れば心配りを示す掛軸があり、季節に伴う一輪の花が飾られ、茶室は静寂に包まれている。そんな中で釜から沸き立つ湯気と音は心に直接、微妙な快さを引き起こしてくれる。茶室の中で湯の煮え立つ音だけが聞こえる瞬間は一種奇妙な陶酔感に襲われる。主人が入れる茶の動作には無駄がなく舞のごとく一杯の茶が出来上がってくる。

このすべての感性を、家元を頂点とした制度で維持してきたところが文化である。その中では形式主義として反発もあったかもしれないが、全体として継承されてきたことは、まさに「継続は力なり」で、形式を通じて季節を愛で、風流を愛で、心の機敏さを愛でる文化の深みを示している。

そして茶事には料理が供されることがある。日本料理の歴史を紐解けば、はじめは中国形式の大饗料理が貴族文化の中で育まれた（石毛、二〇〇九）。面白いのは当時の料理は塩、醤、酢などを自分で味付けるものであったらしい。もちろん縄文時代の遺跡から出てくる魚介類や動物の骨から日本人の食の種類は結構豊富であったことが示されている。それらが貴族の人達に楽しまれていたが、残念なことに六七五年の天武天皇による季節および種類限定の制限付きの肉食禁止令が、その後の明治までに日本の料理の遺伝子になったようである。

そして鎌倉時代に入ると精進料理が起こってくる。今日でも禅寺に行くと食べさせてくれる料理である。武士階級ではそれでは足りず、室町時代に本膳料理が発展してくる。品数も多く二、三日前から準備に入る本格的な料理であった。ついで発展してくるのが茶会でのもてなし料理の懐石料理であった。一期一会の精神で出会った客人と時を大切に、そしてその時の季節を考慮して、最高の素材を最もふさわしい器に盛り付け、もてなしの神髄を表現したものであった。人をもてなすときに、その時期と場所で得られる最高の食材を自然な形で、より旬を味わう姿は日本料理の根本であり、この時代につくられたものである。

その懐石料理から茶の湯の要素を取り除いたものが、江戸時代、商人を中心とした会席料理で今日に至っている。最高の食材を用い、ある面ではよい素材には金に糸目をつけず楽しむ姿はわが国における美食の始まりともいえる。それが今日の高級料亭を中心にして伝えられてきている。そして明治の初め、肉食禁止令が解除され、日本独自の食生活が進展していった。

一流の日本料理の職人は、素材の旨さをいかに引き出すかという課題に最後は到達するようである。すべての食材は「旬」を持っている。太陽の恵みにより、ある種の野菜は春に、実のものは夏から秋に、魚も油ののる時期が旬とされ、これらは一年のサイクルを経て太陽の恵みによる自然の営みからくる恩恵である。一流の料理人がものにした書籍を読むと、そこには自然と人間の味覚の調和を見てとることができる（神田、二〇一〇）。「季節を活かす、味を活かす、色を活かして」、自然に逆らわない素材の旨さを引き出す。自然の素材が教え、それに従って仕事をすることが料理職人であるという。レシピでは表わせない微妙な温度管理、調味料のさじ加減、容器の品格などに対する感性が求められる。

魚の種類によっては刺身に塩を付けて食べる方法があるようである。その塩も豊かな海の旨みを凝縮した藻塩である。職人は「この刺身の鰈《かれい》は、何時に水洗いするか、何時にさばくか、何時に皮を引くか、どの角度で切るか、さらに何時にどこで獲れたものをどうやって活け締めにしているか、といったことを全て細かく計算しながら作っている」そうで、藻塩が特定の魚のその時期の旨さを引き出す最高の組み合わせであるという。逆に寝かして身を熟成させてから味が最高になるのを待つという技術もある。食べて愉しむという世界にあって、料理人の瞬間の美の感性がそうさせるのであり、また客の感性がそれに答えている。魚という生きものの命をいただくことへの最高の感謝がその魚の最高のものを引き出し、客に喜んでもらうことになる。さらにいうならば包丁による魚の切りから、方向、切れ味で刺身の味が変わるという（神田、二〇一〇）。味は視覚、嗅覚、温度感覚、痛覚が影響し合った総合感覚で、その他、盛り付け、食器、そして雰囲気としての会話が重要な盛り立て役を演じている。食文化は総合芸術であり、このこだわりの文化が職人の徒弟制度で伝えられていることは一種の家元制度ともいえる。一人前の和食職人になるためには、皿洗いから始めて十年はかかるといわれている。厳しい修業を通して料理人の日本料理の感性が磨かれ、料亭や旅館で食通たちの口をうならせている。和食が世界無形文化遺産に登録されたのは食の美しさ、食材を生かすことなど日本料理の継承が評価された結果であろう。

素材を極め、最高の素材を探求する態度は、和食文化の継承の伝統でもある。リンゴをはじめとして、メロン、みかん、ブドウなどの品種改良に伴う飽くなき味覚の追求には素晴らしいものがあり、これらは世界に誇るべき日本人の心構えであり結果である。他にも醤油、塩、油、酢などの調味料の超一級品はそれを求めるプロ職人の苦労と精進を重ねた最高級の作品である。日本が誇る米にしても遺伝子改変により得られたものではなく、長い時間をかけた地道な品種改良から生まれた結果である。霜降り肉も一種の芸術品で多くの人びとの舌をうならせている。その最高を求める生産者の姿は、素材の良さをもっと高めたいという生産者の努力と品種改良の飽くなき挑戦であり日本文化の魂を受け継いでいるといえる。

今日、素材を生かすという意味では、技術革新には目のみはるものがある。冷凍技術と解凍技術、それに輸送革命によって特産品の産地直送が可能になり、旬の産物が離れた地でも楽しめるようになった。特に魚を生きたまま輸送する技術には素晴らしいものがある。九州で捕れた傷みやすい魚が翌日には東京で食することができるようになったことは庶民にとってありがたいことである。会席料理でしか味わえなかった新鮮な珍味も高級食品もこの技術で全国いたるところで食することができるようになった。さらに貪欲は尽きなく諸外国の珍味を飛行機で輸送するようになってきた。それも最高の食べごろに合わせて収穫、輸送、販売する技術を売りにしたビジネスが行われている。しかしそれで失われる現実もある。素材を活かす工夫が次第に廃れ、マニュアル化した調理法のみが残る可能性である。

第3節　情念の喪失

どれだけ多くの人間がこれら技芸を守るために命を削ってきたことか、そこに思いを馳せると感動もまた一段と大きくなる。ただ漫然と作品がその美術館に収まっているのではなく、また日常の中にあるのではなく、今見てきたように作品にも技芸にも歴史があり、苦難の道のりもあって今日その形に収まっているのである。

美術館や博物館に残されている作品で有名といわれ、万人が認める作品がある。それは厳しい鑑識眼をもったプロが歴史を経て長年にわたって評価し確かめてきた作品で、われわれ素人はそのおこぼれにあずかっているようなものである。そのような作品は人類共通の宝であり、第二次世界大戦では命がけでルーブル美術館の作品が疎開されたこともあった。また第二次世界大戦時に、京都に大空襲を加える、原爆を落とすとのアメリカの作戦もあったように聞いているが、あるアメリカ人の京都の歴史的価値、美術的価値、宗教的役割からその候補地から外したともいわれている。われわれは恐怖と怒りの感情の虜なったとき、どれだけ歴史的な価値を守れるかが問われている。

しかし美術館や博物館に入るということは、情念の継承という視点から考えると、ここには情念の断絶がある。博物館に鎌倉時代の仏像が収められ、エジプトの神々の像が展示されているが、そこには頭を垂れて神を敬い、仏を拝む姿はない。仏像は寺院にあって初めてその功徳が感じられるのである。しかしこれは美術館や博物館の避けられない功罪で、たとえ精神性が失われたとしても現存していることが重要で、過去に存在していたという物的証拠であり、これで心の故郷の原材料を後世に伝えていくことができる。

時代とともに情念は変わっていく。守るべき情念があると思うのは生きているわれわれのおごりかもしれない。源氏物語の「もののあはれ」、「もののけ」の情念はもはや現代には存在しないし、江戸時代の武士道や家を中心とした情念もすっかり廃れてしまった。家を守り、恥を償うために切腹までして守ろうとした情念は時代とともに消え失せてしまった。インドでは一五〇〇年続いた仏教さえも滅びた。守り通さなければならない情念は何もないというのが現代の通念であり、何を守り、何を守らなくてもよいかは厄介な問題である。情念の継承とはまったく同じ情念を現代に伝えることではない。四〇〇年前の能の情念と同じものを演じようとしたら、それは幻想である。しかしその幻想の中に人間の心を揺さぶるものがあるとしたら、それは時代を超えたもので、単に再現するのではなく再解釈の世界であろう。「守ることの厳しさ、守りと攻めの均衡を保ちつつ、時代の推移に緩やかに沿うのは難しいこと」であるという（原田、二〇一〇）。伝えたいことと伝わることとの齟齬があり、残したいものと残るものとの齟齬がある。

テレビというマスメディアの存在、観光化や商業化の流れの中で、情念は失われ、形式の進展だけが維持されている現状がありそうである。その一例をスペインのフラメンコの中に見ることができる

（ボーレン、二〇〇九）。フラメンコは自然発生的にスペインのアンダルシア地方の虐げられた民衆の中から出てきた芸能である。ロマなどの難民が追われてアンダルシア地方の山に逃げ込んだときの心の叫びと情念の解放を、唄と踊りとギター演奏の中に込めたものである。唄は民衆の悲しみ、恋、愛、苦しみを現わしている。そしてその表現として踊り子を中心とした動作の中に、情念を押し込め、また解放したのであろう。生活の試練、苦難、絶望、憂鬱にとりつかれた者の情念を共に分けあいながら、町の酒場で夜通し唄い踊りあかした。虐げられた者は言葉を失い、その発露としての叫びをフラメンコの中に押し込め、日々の救いとしたのではないだろうか。そのフラメンコの魂を本来感じ取らなければならない。

しかしフラメンコは、一九九〇年代から世界中で有名になり、広がって日本でも多くの教室が開かれている。特に踊りの官能的で激しい情熱的な動きは人びとを魅了してやまない。一般大衆は踊り子を中心にフラメンコを知ることになるが、そこに大衆化の落とし穴がある。まさにフラメンコの魂を置き去りにして、踊りとリズムの形式だけがマスコミ的に有名になっていくことであった。日本では津軽三味線の技芸がこのような状況にあるともいわれている。

グローバル化や大衆化は時代の流れの中で避けられないことであるが、その過程で、その中に含まれている情念のグローバル化、娯楽化や大衆迎合化が進み、ローカルな情念が大量に失われていっている。日本における伝統文化といわれる正月の初参り、お盆、夏祭りの行事、しきたりや儀式などは繰り返されていく中で祭典化、観光化、形式化されて当初の情念が失われ風化していく現実がある。千年前の踊りや音楽は再現できず、それは情念の喪失となり、失われた情念を取り戻すことはできない。

情念の喪失のもう一つの原因は外界の影響ではなく内部から起こる「忘却」という作用である。時間とともに記憶が忘却曲線にしたがって忘れ去られていくように、感情の記憶もまた忘れ去られていく。時間とともに経験した時の臨場感やリアリティは失われ、最後には経験した事実さえ失われてしまうことがある。個人感情もそうであるならば、国民感情もまた同じ運命をたどる。戦争での苦しみ、悲しみは戦後七〇年も経つと、実感として持つ者も他者にその悲惨な体験を伝えられる者も非常に少なくなり、風化し、歴史の中に埋もれてしまいつつある。その結果、戦争を知らぬ世代の中には率先して戦争を行うことに賛成する者まで出てくる始末である。先人はそのことを知っていたために文字として詳細な記録を残し語り部として「形」を残してきたが、それらを継承しようとする意志を持たない人にとっては何の意味もなさない。記憶はつねにリハーサルを繰り返えされることによって強化されることを心理学は教えている。

しかし失われていくものがある一方で、新しい文化が創生されていっているのも事実である。失われたからといって悲観する必要はない。人間は変化を生み出す力を持つ存在で、大きくはつねに進歩というレールの上を歩んでいる。大きな変革に遭遇したとき、古いとみなされる情念はさまようことになる。どの国も大きな変革を経験し、日本では明治維新や第二次世界大線では大きく情念の取捨選択が行われた。そのとき古い情念は捨てられ新しい思想が時代を動かす原動力になって現在の日本文化を創っている。

第4章　知の継承

人間の能力は知、情、意に分けられるという考え方がある。知は知識であり知恵を示し、情は感情を表わし、意は意志、信念などを表わす。昔から人間はこれらをコントロールしたいと願ってきたが、非常に難しく、それら能力の不可思議さに戸惑っていた。黒田清輝はこの智、感、情を主題にした日本画を描いたことからも、人間の関心の強さがうかがわれる。

第1節　手段としての文字

その中の知の歴史は文字として書き残すことが可能である。もし残すことができなければ、それは知ではなく、技能のような身体記憶として身体に書かれたもので個人が死ねば失われるものである。

ホモ・サピエンスは知恵ある動物であり、記憶能力が格段に進化した動物である。狩猟などの技術は弓を用いたり小さくて鋭い石器を開発したりと次第に複雑になり、動物に関する知恵も増え、経験も豊かになってきた。それらすべてを記憶し人に伝えていくには記憶容量、正確さや複雑さの問題から難しくなっていった。紀元前一万五〇〇〇年頃に文字が発明されたが、最初は知恵を残し伝えるものではなかった。自然発生的なものではなく、支配者が支配を強化するために、また未来を予測し善悪を決める占い道具として発明されてきたようである。中国の甲骨文字やエジプトの絵文字であるヒエログリフなどがその役割を担っていた。文字は一部の神官が独占し神からの直接的なお告げとして利用され、民衆に対しては知らしめていなかった。言葉には現実に影響を与える力、すなわち言霊が宿るという考え方が日本では存在していた。

その後、国や支配者の記録を収め、また国を治めるための管理や罰則や経済的取り決めが楔形文字で書かれた（ロバーツ、二〇〇三）。紀元前二〇〇〇年頃にシュメール語で粘土板に記された法律などが例に挙げられる。大英博物館にあるロゼッタ・ストーンは同じ内容のことがヒエログリフ、ギリシヤ文字、デモティク文字の三種類の言語で書かれ、そこから初めてエジプトのヒエログリフの完全な解読に成功した。そうすると遺跡から出てきた文字の破片から、当時の様子を知ることができるようになった。

そのような時代を経て、文字が次第に改良され、誰にでもわかるアルファベット文字が出て民衆の間に広がるにつれ、それは思考過程を順序づけ体系づける有力な道具となった。さらに人は語られ伝えてきた話し言葉である口承を、文字による知識に変え、それを検証し発展させ未来に保存することができることを発見した。これは単に自然科学だけでなく、思想や哲学、文化もそうである。ギリシヤ時代のプラトンやアリストテレス、ローマ時代のセネカやキケロなどの思想は文字に変換され、遠く離れたペルシヤの地に運ばれ、さらにラテン語に翻訳されて、かろうじて今日まで伝えられている。われわれはその本を繰り返し読み、彼らの考えを土台にして、新たな思想を考え、彼らを乗り越えようとすることができる。

紀元前二〇〇〇年頃のシュメール文明での世界最初のギルガメッシュ叙事詩は、各国の言語に翻訳され、旧約聖書の内容に影響したという（ロバーツ、二〇〇三）。一二世紀のイギリスのアーサー王物語はやはり各国の言葉に翻訳されヨーロッパの騎士道精神の形成に大きく影響したといわれている。宗教でさえ仏教では経典、キリスト教では旧約聖書、新約聖書、イスラム経ではクルアーンという文字に残すことで継承の大部分を担っている。文字による正典をそれぞれが持ったおかげで宗教は抽象化され、地域の束縛から離れ世界宗教となることができた。そのような意味で過去の文字による記録は継続させる力を持つと同時に、逆に経典を中心に神学などを理論化し情念の改変にまで影響する力を持ってきた。どうであれこれらの文字による記録は人類共通の財産であり、未来に伝えていくのが人類共通の役割であり、共通に行わなければならない義務である。たとえ文字の性格上、文字による歴史の改竄《ざん》、意識的操作、嘘があったとしてもである。

これを守り維持するためには、非常なる努力と見識が必要とされる。ヨーロッパの古い教会や修道院の図書館をみれば、この苦労は一目瞭然である。ヨーロッパはその歴史の中で暗黒時代とも呼ばれ、あまり科学技術の進歩の少ない期間を経てきたが、その間の知の継承は主に教会や修道院内の写本という形で継承されていった。と同時に東ローマ帝国が一〇〇〇年以上にわたってギリシヤ時代の文章を保管したおかげでもあった。これがルネサンスにつながった。

紙が発明されて久しい。これは中国から伝わってきたといわれ、それまでユーラシア大陸西側の社会では土板や羊皮紙、その後はパピルスなどにも書かれていたが、土板や羊皮紙は体積がかさばるものであった。中国や日本では木に書く木簡や竹に書く竹簡も用いられていたが、これの不便さも明らかである。紙が長い歴史を経て残っていることが、その運搬の便利さと材質の良さを証明している。それを使って、印刷機のない時代、人の手を経て重要な書物や記録が写し取られ写本が造られていった。その一冊一冊が教会や修道院の奥深い図書館の中に収められている。手作りの本であるから装丁も綺麗に着飾ったものが多い。写本は単に宗教的なものだけでなく、教養としてギリシヤ時代の本や、時には禁書に近いものまでもが聖職者の知の欲求を満たすために作られ、厳しい宗教的統制の中でも大切に保存されていった。日本でも漢字が輸入され写本を専門とする役所、図書寮が奈良時代に作られ、多くの役人が仏典を写し取って地方に伝えていた。

そして次の世紀では活版印刷技術の発明によって、知の拡散と継承は格段に進歩した。印刷技術は当初、中国で発明されたが、ヨーロッパでは一五世紀半ばにグーテンベルグによって活版印刷技術が発明されて、製本された本が大量に印刷される時代が開けた。本を印刷し販売することが商業として成り立ち、世界各国の言葉に翻訳され出版された。教会や修道院の図書館も充実し、知の継承は比較的簡単になっていった。その後、図書館は教会から離れ、国全体の知的財産として整備保護されていくようになっていった（マクニーリー&ウルヴァートン、二〇一〇）。

知が蓄積されて膨大な量になっていくと、知の継承には特定の組織や制度が必要になってきた。個人の努力だけではもはや知の継承も知の創生もできない。その一つが教会や修道院であり、その後一三世紀に専門的な医師、法律家などの養成のための大学という制度ができた。大学の中でのギルト的な講座制という階級社会が教育という名のもとに構成され、教授－准教授－講師－学生という専門的学問の伝授・伝承システムが確立されていった。そして近世から実験室が加わり、大学は知を論文と著書の文字の形で残すことで知の継承と知の発展・進歩の中心的存在になった。

もう一つ注目すべきは、出版社の中での知の継承の仕組みである。ある出版社では一人の編集者を育てるのに、一種の徒弟制度的な教育を取り入れているところがあるという（佐藤ほか、二〇一二）。一人の編集者としての基本的な教育は全体の社内教育でできるが、一人前の編集者になるには、先輩の編集者に具体的に教えられることもなく「見て覚えろ」的な育て方の有効性を今日まで保っているらしい。先輩編集者のしぐさ、やり方を見ながら「雑用」をこなし、一冊の本がどのようにして作られていくのかを実地として学んでいく。形式的なことだけでなく、企画や立案の仕方や考え方を学び、学問の動向の把握の仕方を学び、さらに重要なことはいかに人間関係を築いていくかを学んでいくことである。学術書の場合は、大学の先生方との共同作業や相互関係の中で作られていくことが多いため、人脈資産としての人間関係のコミュニケーションが非常に重要になってくる。これらは座学として学べるものではなく、経験を通して獲得し人脈を築いていくものである。その経験は先輩やそのさらなる先輩などから延々と受け継がれてきた本の作り方のマニュアルにないノウハウが詰まったものであり、時にその経験が学術書でもベストセラーの本を生み出すのである。またそれがある分野をリードする学術書になるかもしれないのである。ここに職人的な知の継承の隠れた世界を見ることができる。一般には出版された本の外見だけしか目に映らないが、その本が世に問われるためには編集者というゲートキーパーの関門を通ってこなければならないし、経営側としての判断も求められる。そこに編集者としての高い鑑識眼と知性や時代性が求められ、それらが知の継承を可能ならしめているといえよう。その分野を学術性に裏付けられた広く見渡せる能力、そして最適な執筆者を見つけ出す能力は徒弟制度で培われた長年の勘がなせるわざかもしれない。それでも歴史に残る学術書は少なく一〇〇年先への知の継承は並大抵のことではない。ネット出版の社会になったとしても、出版社や編集者の役割の重要性は今後とも続くであろう。このような出版社の側の努力があって初めてわれわれは図書館の中で過去三〇〇〇年の人類の歴史の跡をたどることができるのである。

今日、この知の継承の手段である印刷・出版が衰退の一途をたどっているといわれて久しい。一九九〇年代から出版件数が減少してきており、その中でも学術書・専門書の減少は久しい。知の継承から眺めれば、学術書・専門書の出版が最も期待できるもので、今日流行している新書は果たして知の継承に貢献しているかどうかは疑わしい状態にある。この知の軽薄化と断片化は、戦後の大学の大衆化、教養主義の崩壊、さらにはカルチャーセンター化によるところが大きく、それぞれのエッセンスを手短に短時間で知るという知の消耗品になり下がっている。商業経済主義の結果であり回避することはできないが、わかりきったことを広めるという意味では貢献できても、知の内容を深めることにはならないだろう。

第2節　知の喪失

知の継承の長い歴史の中で知識が失われる危機は何度もあり、そこでは知の歴史は不連続になることもあった。教会や修道院の図書館には、キリスト教とは相いれない禁書も入っていた。ギリシヤやローマの思想は、一神教の主旨とは相いれないものであり、宗教の性格からいえば異端や邪教、多神教の思想は歴史から抹殺したいはずであった。いつの時代も狂信者は存在していたし、これら異端の書物を地上から抹殺すべきであると考える人たちが存在した。その圧力を跳ね返すには相当の覚悟が必要である。そのような状況の中、一部の聖職者はその圧力をはねつけ、それらの知恵を守ってきた。その結果を今日、ヨーロッパの古い教会や修道院の図書館の中に見ることができる。聖職者は当時の唯一の教養人であり、過去の知恵の重要さを知った人々であり、知識に対する飢えには相当なものがあったに違いない。知識には、自然界や人間界のすべてが含まれ、人間は世界のあらゆることを知りたいという好奇心の塊でもあった。それは価値を越えた欲求であり、異なる知に価値を認めることを知っていた人達でもあった。貴重な本や物はいったん失われると再現するのは難しく、地球上では存在しなかったことになる。狂信者にはそのような発想がなく、刹那的に自分の思い通りになれば良しとするが、その行動がはるかな未来に対して幸福を保証しうるかの見通しも知恵も責任もなかった。

もちろんいつの時代にも禁書はあったし、出版禁止令は何度も江戸時代に出され、その都度、多くの人が迫害され、また多くの人はそれを守るために命をかけたのかも歴史を眺めれば知ることができる。近くでいえば、第二次大戦時代の思想統制の中に知識人の苦悩の一端を見ることができる。

知の継承や知の保存がいかに歴史の中で難しいかの例を、紀元前三〇〇年頃のエジプトのアレキサンドリア図書館、中国の焚書坑儒、信長の比叡山焼き討ちにみることができる。アレキサンドリアの図書館は世界中の文献を集め、集めたものを照合して、編集して、内容を組建て直し、注釈をつけて、分析し、分類する目的で紀元前三〇〇年ごろ建設されたという(マクニーリーほか、二〇一〇)。そして最盛期には七〇万巻もの文献が集まり、その中には文学、医学、数学、天文学などあらゆる分野の文献が集まり学術研究の中心的役割を果たしていた。そこにはギリシヤ時代の書籍も含まれていて翻訳を通してヘレニズム文化の繁栄をつくった。その威容は壮観なものがあったに違いなく、知に飢えた人にとって涙を出すほどの感激に襲われたことだろう。しかしそれもつかの間、何度かの火災にあい、最後にはキリスト教徒によって図書館は破壊され今日に至っている。火災や戦争の被害から心ある人によって何度も再建されたものの約七〇〇年の歴史で完全に失われてしまった。ある面では七〇〇年もの長き期間にわたって維持できたことに驚かざるを得ない。文献はただで集められるわけではない。莫大な労力と資金をかけて世界中から集められていた。当時にそのような見識をもっていた人がいたというのもまた喜ばしいといわなければならない。

しかしその価値を認めない人がいたというのも残念なことである。おそらく図書館の書記官はこの人類の財産を守ろうとして命を張っただろうが、盲信者や権力者から守ることは不可能であった。歴史に、もし、ということがないのだが、アレキサンドリアの図書館はこれが存続していたならば世界は違った形になっていたことだろう。この図書館は数ヶ月間燃え続けたといわれる（マクニーリーほか、二〇一〇）。

中国では秦の始皇帝による焚書坑儒があり、国の記録の何度にもわたる消失があった。始皇帝は時の政権に批判的であるとして儒教、諸子百家の出版物や文献を焼くことを命じ、地方政府を通してすべて集め燃やしてしまった。その中には医学、農業などの書物が除外されていたこと、国が抱かへて学者の書物も除外されていたことは現実的な判断でもあったが（マクニーリーほか、二〇一〇）、さらに発展して始皇帝の施策に反対しているとして儒者数百人を生き埋めにしたとも伝えられている。施策の反対に対するしわ寄せが書物にも及んでいることに知の継承の難しさの例を見る。もちろんこの事件の中で当時の儒教や諸子百家の思想の役割がどうであったのか、また儒者の位置づけがどうであったかで単純な判断を差し控えなければならないが、反対を抑えるためにそれが書物にまで及ぶことにはいささか奇異に感じるところである。しかしすべての本が焼かれたのではなく、命を懸けて隠し通した人もおり、後代の皇帝がある程度まで元に戻すことができたことも事実である。これに似たことは、戦前の治安維持法によって出版禁止になった書籍がたくさんあったことである。また近代中国の階級闘争において多くの書籍が歴史から消えていったというのも事実である。歴史が変わっても人間は同じ発想でしか統治を行えないのかと考えると、人間の知の進歩に対して疑いを持たざるを得ない。

さらに中国では、時の政権は皇帝や施策の事実を後世に伝えるために専属の書記官を定め、綿密に記録するという習慣があった。これを正史というが、その支配者も後世の評価を気にし、美化にまで虚飾を並びたてたとまでは言わないまでも、相当脚色、改竄《ざん》して自分の歴史を刻んでいった。しかし本来、それらは政権が変わろうとも国全体の財産として維持、守っていくのが義務であると考えられるが、それらは政権が変ったり、戦争が起ると簡単に処分されたという。昔は残念ながら歴史に対する責任という考えはなく、政権を倒すか、殺されるかという選択の前には、それらの貴重な記録や書籍の放棄は何の躊躇させるものではなかった。

日本では織田信長による比叡山焼き打ち事件の中に、知の継承を危うくする片鱗を見出すことができる。戦国時代、信長の日本統一の動きに対する浄土真宗の信徒の抵抗には激しいものがあった。特に加賀や尾張の長島では浄土真宗の門徒による抵抗で一国を形成するほどの力と実績をもち、織田信長の野望の前に強く立ち塞がっていた。天下布武のため、その寺社といえども天台宗の総本山で長い歴史をもち戒壇がある延暦寺がやり玉に挙がった。そして一五七一年に比叡山全体にある五〇〇以上の寺社、室堂がことごとく灰に帰し、数千人が虐殺されたともいわれている。延暦寺は平安時代初期に最澄によって建立された由緒ある寺院であり、天台宗の教えと同時に密教も教え、官制の寺院で国が認めた僧を決める戒壇の役割も果たしていた。五〇〇年も経て、寺院自体も乱れ本来の姿からは外れ、信長に攻められる口実を与えていたことも確かである。ここに日本の英才が集まり、仏典を通して日々修行が行われていた。法然も日蓮も親鸞も含めて鎌倉時代の有名な僧侶は皆ここの出身者である。そこには数多の書籍が写本として残され、優秀な若者の教材にも供されていた。中国から伝来したほとんどの経典はここにあったと思われる。しかしそれがすべて灰燼《かいじん》と帰してしまった。五〇〇年にわたるさまざまな芸術品もあったであろうが、それらを持ちだす余裕も、また発想もなく失われてしまった。その事実を眺めれば、前で述べた他国の例にもれず、苦労して思想を開拓していった大切な記録が無に帰してしまった。今から思えば大変な国家的な損失だと思われるが、当時はそのような発想はなかった。政治の前に、いかに知の維持、守っていくのが難しいかの例になるのではないか。どの国にも戦火によって貴重な国家的財産が失われた例を挙げればきりのないことである。

その反省を二一世紀のわれわれは持つことができるが、紛争地では、文化の略奪や破壊がいとも簡単に行われているのも事実である。イラク戦争ではバグダットの博物館が略奪にあい、その大半は未だ戻っていない。リビアでは遺跡の彫像がはぎ取られ売りに出されているという。アフガニスタンではバーミヤーン渓谷の石仏が爆弾で破壊される瞬間の映像が全世界に配信されたが、憤怒を越えて寂しさが残るだけである。王家の墓は造られた瞬間から盗掘の餌食になるという。どうしてそれから守るか、造る方にしても知恵をめぐらしたところである。時に墓をつくった人々を皆殺しにしてその秘密を守ったこともある。それでも盗掘の方が勝っていて、例えば多くのピラミッドは無残な姿に変えられてしまっていった。日本の古代古墳もその例にもれず、神罰、祟りが下りると祈願してもその効果はなかった。

幸いにも長い間、盗掘に合わずに今日の科学的発掘によって陽の目を見た墓もいくつかある。ツタンカーメンの像もその一つであり、中国の兵馬俑もそれである。日本では盗掘にあっていたとはいえ高松塚古墳の壁画には驚くべきものがある。盗掘や略奪があるとは、そのような価値観しか持ち合わせていない人が世の中には少なからず存在していることを意味している。そしてまたそれを仲介し、それを購入する人がいることをも意味している。すべての国は自国の遺跡から出た出土品は国外に持ち出してはいけないことにしているが、闇の取引では高値で売買されているという。人間すべてが善ではないことは歴史が証明していることであり、期待しても無駄なことである。唯一教育だけが、そして法律が次に有効な阻止に働く。壊すのは一瞬だがそれを維持するには多大は努力を必要とする。今でも世界のどこかでこのようなことが行われているのは繰り返し残念なことである。

もう一つ知の継承で危惧されることが現代に存在する。それはインターネット上での知的財産の扱いである。今日、インターネットの空間は巨大な情報空間を形成している。誰でもが参加でき、だれでもが自分のコンピュータから情報を送信することができ、それは誰でもが見ることができる。これまで述べてきた人間の知の財産、さらには知の創出された結果はインターネットの世界に玉石混交の形で漂っている。言葉の違いはあれ、これだけ巨大になるとこれは世界共通の財産となってくる。

しかしこの巨大情報空間の価値は自由な検索機能が整備されていて利用可能な状態にあることが必須条件となる。一般の人は、世界で最も強力なグーグルの検索システムがどのように作られているかは知らないだろう。このシステムはすべての世界の情報を一端自分のコンピュータに取り込み、それを検索しやすいように加工して検索に供している。その巨大なデータベースを世界の数ヶ所で保存加工されることによって、われわれはあらゆる検索に便利に使用している（ブラント、二〇一〇）。こうやって本を書いている時も、調べることがあると、書籍を紐解くのと同様にネット空間の検索を利用し調べている。その資料が正しいかは自分で判断しなければならないが、便利なツールとしてもはや欠くことのできないものになっている。

今は各自が公開している情報やデータベースだけのデータ収集だけでグーグルのシステムは創生されているが、各機関に蓄えられているデータベースは各自のサーバーを介し二次情報として別個にアクセスできるようになっている。それを利用すると世界中の過去の知識がここにいながらでも見ることができる。ルーブル美術館の所蔵品を美術館のサーバーにアクセスし画面上で見ることができるし、大英博物館のデータもそれぞれのサーバーから見ることができる。もしこの二次データも一つの会社のデータベースに蓄えられアクセス管理されるとしたら、その功罪には大きいものがある。もちろん各組織のサーバーのデータは保護されているのだが、それが検索に引っ掛からなければ、無いのと同じことになる。検索提供会社が意図を持ち世界中の情報の独占管理しようとしたら知の継承にとって重大な問題である。

もう一つのネット社会における大きな問題はデータの意識的な改竄《ざん》、修正、操作である。さらに厄介な「忘れられる権利」は必要なものであるが、乱用も考えられる。もし時代の要請、時の権力者の恣意によってそれらが行われたら、それは上で例に挙げたアレキサンドリア図書館の火災で書籍が失われたと同じこととなる。たとえそのオリジナルのデータが存在したとしても、世界中の人がその修正された情報空間の中でしか検索できなければ、同じことといわざるを得ない。最近アメリカでネットワークの監視と傍受が自国民に対して秘密裏に行われていたということがあった。また中国では国家の意志として不適当な言葉や情報は削除されている。そこに現代の知的財産の保持に危惧を感じる。特にネット上の知的財産は消されたら再現するのが難しい方向に移っていっているし、もはやわれわれにとってコンピュータなしに知的活動をすることは不可能になっている。将来、今削除された言葉や思想が主流となりその国の中心思想になっているかもしれない。そのとき、その源流を探り、それに肉付けしたいと考えたとき修正され削除された情報では未来の人に対して無責任になる。一万年図書館というアイデアがネットの世界で計画され実行されている。形あるものは消滅する運命にあるが、それを情報空間に取り込んで、一万年後の人たちに情報を残すプロジェクトであるが、これは印刷物による知の継承ではなくなる。活字で印刷されていれば、何度でも手元で再確認をし、新しい思想を検証しやすくなるが、ネットの仮想空間で思考するとき、どこまで記憶を再現できるか、一万年後に全データがアクセスできる保証はない。現在、ホームページのアドレスが本の参考資料として引用されることがあるが、一〇〇年後の検証に耐えうるかは不明である。このような知の継承の問題をネット情報空間は持っていることを知っておく必要がある。グーテンベルクが発明した紙による印刷技術は知の伝搬、保存にとって、たったの六〇〇年しか通用しなかったのだろうか。

いずれにしても、あらゆる消滅の危険から、あるときは命をかけて守り、知の財産を守り抜いてきた人がいたということは救いである。古い書籍や文物は長い歴史の中で、当時の教養人によってしっかり守られてきたからこそ、今日それらを見るという感動を体験することができるわけである。ここでいいたいことは、自分の国や宗派の文物を守るのは当たり前のことで、守るべき対象が、異端の宗教、反対の宗教、自分に都合の悪い情報や書籍等であろうとも、如何に命をかけて自分のために、さらには後世の検証のために守っていくかが問われている。それが歴史に対する義務であろう。

第5章　感情記憶と身体記憶

人生のあらゆる記憶には、感情という色彩がついている。小さいころ親と公園で遊んだ記憶には楽しさが、成功の記憶にはうれしさが、そして失恋の記憶には悲しみの感情がついてまわっており、感情を持たないエピソード記憶はビビッドな記憶として残っていないものである。過去の写真を見て一人にんまりと微笑む姿の中に、またアルバムの卒業写真の青春時代の彼女・彼氏の思い出の中に感情がある。感情が伴っているからこそ人生のあらゆる経験は、その豊かさを誇らしげに語ることができる。もちろん地球の年齢や数学の公式、国の名前などの記憶には感情の衣は存在していない。

このように感情を伴った出来事の記憶はどのように脳の中に蓄えられているのだろうか。記憶を失っていくという健忘症に伴う記憶の研究が進んでいるが、感情の記憶に焦点を当てた研究は非常に少なく、感情の記憶の障害という視点はない。

しかし今日、感情に関する心理学的、神経生理学的、臨床学的研究が進み、かなりの知見が集積されている（福田、二〇〇三、二〇〇六）。その中で、感情の記憶の独立性も示され、特に恐怖情動はPTSD、うつ病などとの関連が指摘されている（カンデル、二〇一四）。情念の継承には感情や記憶と身体記憶の関連が重要である。

第1節　感情記憶の分類

感情の記憶に関連する議論を始めるにあたって、一般的な記憶の分類が参考になる。長期記憶は大きく宣言的記憶と非宣言的記憶（手続き記憶）に分けられる（図1）（スクワイヤー、一九八九）。宣言的記憶はさらに意味記憶とエピソード記憶に分けられる。意味記憶は数式を覚えたり、漢字や英語の単語を覚えるなどの記憶を意味する。一方のエピソード記憶は生活の中での出来事の記憶を意味する。入学式や入社、合格発表など人生の節目節目での楽しかったこと、うれしかったこと、悲しかったこと、苦しかったことなどをわれわれは出来事といっしょに記憶している。

一方の非宣言的記憶は、技能や手続きの運動学習、条件づけの連合学習、プライミング、慣れ、感作などの記憶を示し、一般には無意識の記憶と考えられている。学習過程は認知的であっても、学習が進むにつれて、認知プロセスを経ずに自動的かつ無意識に動作が遂行される。よく例として挙げられるのは、自転車の練習である。子供が最初に自転車に乗るとき、ハンドルの持ち方やペダルのこぎ方、ブレーキの掛け方など教えられたことを反復しながら、親に手伝ってもらって練習を繰り返すことになる。これは認知的で、次は何をしなければならないかを考えながら、動きを何回も練習しなければならない。すべての人が経験したように、慣れるにしたがって誰もペダルはどうこぐのか、ハンドルはどう動かせばよいかなど考えずに自転車をよく乗りこなしサイクリングを楽しんでいる。これは運動記憶として無意識のうちにコントロールされていることを意味し、これを非宣言的記憶という。そのほか楽器の練習や文字の書き方などもこれに属する。連合学習とは二つの刺激間の関係や刺激と行動の関係を学習することをいう。連合学習には古典的条件づけとオペラント条件づけがあり、古典的条件づけとはパブロフが最初に提案したもので、音または光（条件刺激）を用い、無条件刺激として食物を用いた実験である。条件刺激を提示した後、食物を与えると唾液分泌の無条件反応が起こる。条件刺激（音または光）と無条件刺激（食物）を繰り返し提示すると、二つの刺激間の関係を学

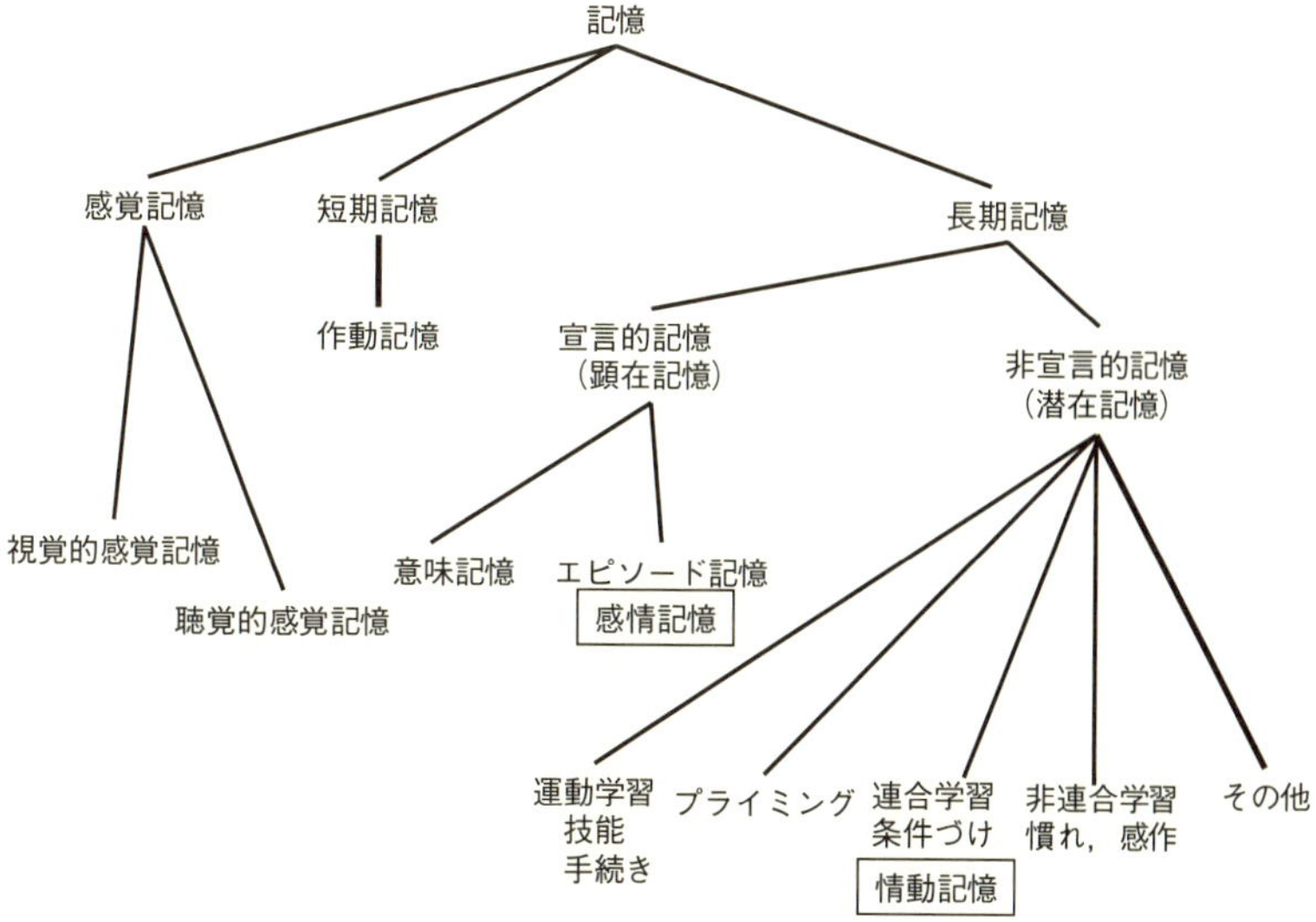

図１　記憶の分類

習し、条件刺激だけで唾液分泌が起こるようになる。これを古典的条件づけ学習という。犬に咬まれたことのある人が次に犬を見ると怖くなって冷汗や動悸が激しくなるのはこれに相当する。日本人のわれわれが梅干を思い浮かべるだけで唾液が出る場合もこれに相当している。これは最初に梅干を食べたとき、その酸っぱさで唾液が出た現象が身体記憶として記憶され、次に梅干を食べなくても梅干を思い浮かべただけで唾液が出るようになることをいう。この唾液が出ることを意識的に止めることはできず無意識に起こる。オペラント条件づけは特定の行動と報酬や罰の強化との関係を学習することをいう。ラットを用いた研究では、レバーを押した後に餌が出るというレバー押し行動を学習させることがよく用いられる。これはレバー押しという行動と餌という報酬の関係を学習したことによる。一般に報酬の場合には行動は反復され、嫌な罰の場合には反復されない傾向がある。人間でも成績が上がってほめるとますます上達する場合や、悪いことをすると手を叩いてしかるとその行動をやめさせることができるのはこのオペラント条件づけによる。

このようにわれわれの記憶はその内容によって宣言的記憶と非宣言的記憶の二つに分類されるが、特性から分類することもある。それは顕在記憶と潜在記憶の分け方である。顕在記憶とは意識を伴う記憶で想起においても意識的な操作を必要とし、西暦一六〇〇年に日本で何が起こったのか、appleという英語の単語の意味は何かということに対して、辞書を繰るように意識的にその記憶場所から引っ張り出してこなければならないような記憶である。自分が二〇歳の時何があったのか、結婚した年は何年かなどもこの顕在記憶に相当するし、円周率のπを3.141592…と覚えているのもこれに相当する。右の分類でいえば宣言的記憶は顕在記憶だともいえる。

一方の潜在記憶とは無意識のうちに記憶されている事象をいう。右の非宣言的記憶に相当するもので、運動記憶の自転車の乗り方は、誰も意識してペダルのこぎ方を一々思い出しておらず、無意識の内にバランスをとり、倒れないでまっすぐに進むことができる。体操で逆上がりができるようになると体で覚えたといわれ、次から無意識のうちに試みることができる。

記憶を大きく分類したとき、この論文の本題である感情の記憶はどこに分類されるのだろうか。感情に関する記憶は一つのカテゴリーに収めるには複雑で、特性により大きく二つの成分、感情の顕在記憶部分と潜在記憶部分に分けられる（図2）。顕在記憶部分をここでは感情記憶と呼び、潜在記憶部分を情動記憶と名付けて区分する。感情と情動の言葉の使い方には諸説あり学問的にも統一されていないが、情動は無意識的な身体的変化を伴う感情で、狭い意味での感情は、情動成分に主観的体験の意識が加わったものと考えられ、日常的に感じているものは感情として捉えられている。ライオンを見て怖いと感じるのは、一つには経験的であり、もう一つには本能的なところがある。檻に入っているライオンや子供のライオンは何ら怖さを感じないが、おとなしい大人のライオンでも直接触ろうとすると決して触れることができない怖さがある。前者の部分を感情記憶と呼び、後者の部分を情動記憶と呼ぶと、その区別がわかりやすい。そうすると記憶の分類で述べた議論が役に立ってくる。図2は感情の記憶の種類の関係を表示したものである。感情記憶は宣言的記憶で顕在記憶である。一方の情動記憶は非宣言的記憶で潜在記憶である。英語表記で表すと感情記憶は、memory about emotion, memory with emotion, feeling memory で感情を伴った記憶と考えられる。一方の情動記憶は、英語表記で emotional memory, memory of emotion といえる。

このように感情の記憶を感情記憶と情動記憶に分けると図1の記憶の種類・分類の中でどこに位置づけられるかが問題になる。これまでの議論から認知的で意識的な感情記憶はエピソード記憶の中に含まれ、また無意識で自動的な情動記憶は連合記憶の中に位置づけられることになる。しかし今日、感情記憶と情動記憶が図1の中で、単独で表示されるかは今後の議論を待たなければならないが、少しずつ神経科学の中で独立に機能していることが指摘されてきている（Feinstein ほか、二〇一〇／ルドー、二〇〇〇／Phelps、二〇〇四）。

感情記憶の観点から情報の流れを示したものが図3である。感情的な出来事はまず感覚系の興奮を引き起こし、一方は認知系に入り、次いで感情を伴わない出来事の記憶となり、これらの多くは言葉を伴って意識され出力される。したがってこれは認知的表出で、成功した事実と失敗した事実として記憶され言葉として出力される。もう一方は嬉しかったとか悔しかったという意識的な感情記憶となる。そして出力として表われるときは感情体験として意識され、また感情行動として表われてくる（Schachter ほか、一九六二）。この分離は、感情的出来事を思い出す想起の時は事実と感情が一体となって思い出され、実際経験した豊かなエピソードとして語られる。

感情的出来事が出力されるには別のルートがあり、それは感覚系の興奮が情動記憶系を刺激することである。この系は無意識的な身体表出を伴い、表情の変化、血圧の上昇、心拍の上昇、呼吸促迫、体の緊張、震えなどの身体変化として現われる。この記憶は潜在記憶であるため独立して出現することは少なく、通常は顕在記憶としてのエピソード記憶を思い出したときに自動的に組み合わさって現われる。楽しい出来事を思い出したとき、笑みが自然にこぼれてくるのはこの情動記憶系の働きによ

宣言的記憶 Declarative memory 顕在記憶 Explicit memory	非宣言的記憶 Nondeclarative memory 潜在記憶 Implicit memory
感情記憶 Memory about emotion Memory with emotion Feeling memory 意識的（言語的） 前頭前野－海馬 －扁桃体系	情動記憶 Emotional memory Memory of emotion 無意識的，自動的（身体的） 扁桃体－視床下部－脳幹系 扁桃体－線条体－小脳系

図２　感情の記憶の分類

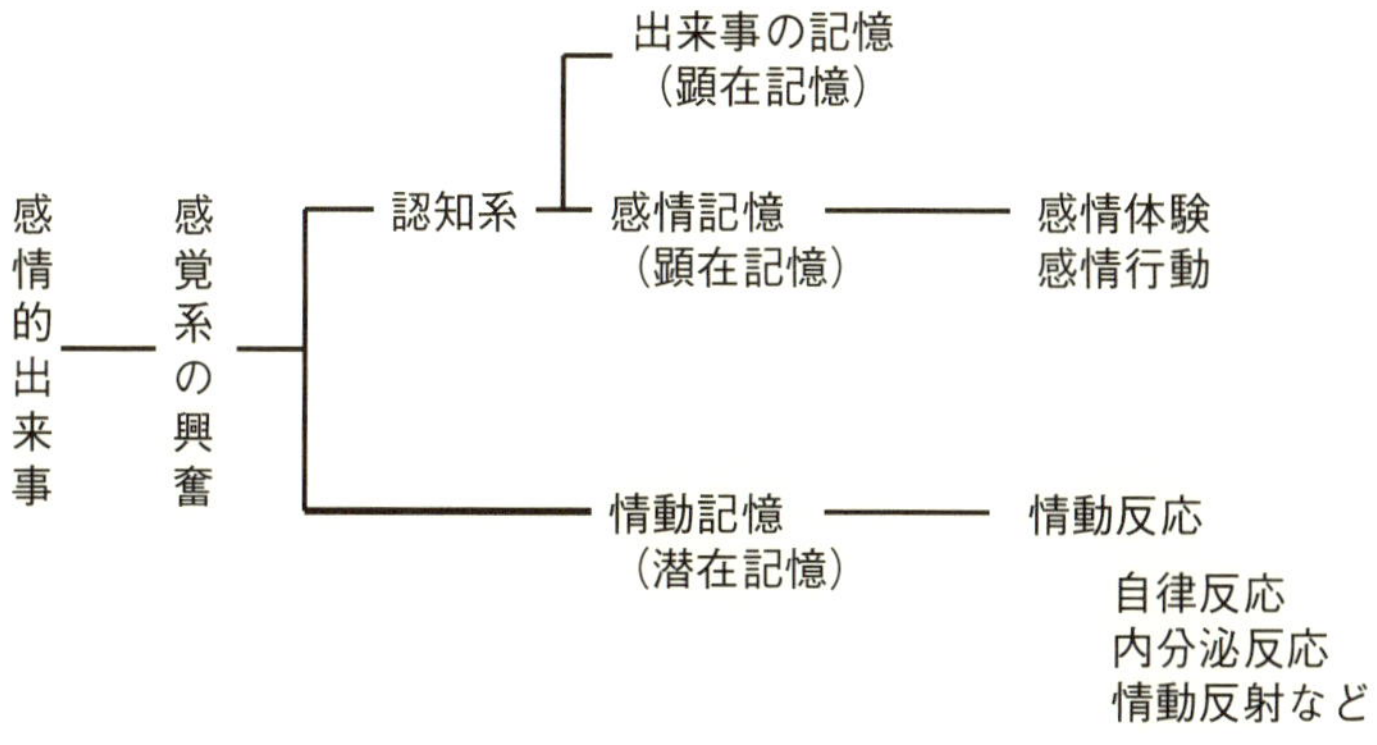

図３　感情的出来事の情報の流れ

る。そして感情記憶と情動記憶が一体となって現われてくるために感情経験に色彩を帯び熱い体験になってくるのである（ダマシオ、二〇〇〇）。

時間が経つと、事実としての感情記憶は残り、「成功して嬉しかった」という文字に書かれた感情表現と同じくなっていく。一方の情動記憶は認知的な感情記憶との一体性は弱くなり、多くの場合、一〇年後、二〇年後にその成功もうれしさを伴わず話すことになる。この点が上で述べた感情の顕在記憶と潜在記憶の違いで、真に感情表現が迫ってくるのは、これら二つの記憶が連合して認知的表出と情動的・身体的表出が一体となるときである。この関係が崩れてくると顕在記憶と潜在記憶が分離して病的な感情表出となり、うつ病やＰＴＳＤのような潜在記憶から直接身体表出だけが表に出てくることになる。

ここで簡単に身体記憶という言葉を使っているが、これまでの記憶の分類から、情動記憶と技能などの運動記憶の二つの記憶を指している。情動記憶は従来の分類に新たに加わった潜在記憶で、無意識のうちに内分泌反応や自律神経反応の身体変化として発現されるものである。運動記憶も無意識的にしぐさ、表情、動作として遂行される身体変化である。

第2節　感情記憶のメカニズム

感情に関する記憶を理解するためには、感情の神経メカニズムを理解しなければならない。今日、感情に関する神経メカニズムは、恐怖情動の分野で最も解明されている。他の情動の神経メカニズムに関してはまだ不明なところが多く、恐怖情動との共通基盤が存在するのか、それとも独立した神経システムが存在するかは不明なところが多い。しかし恐怖情動の神経メカニズムの解明が進んだことにより、他の感情の記憶に関する研究も次第に明らかになりつつある（カンデル、二〇一四）。

情動の神経メカニズムの研究は一九七〇年代まで限られた研究室で進められていたが、情動の研究が世界的に広がったのはアメリカのルドーらの研究によることが大きい（ルドー、二〇〇三）。彼らはラットを用いて恐怖条件づけ学習課題を用いた恐怖情動に着目した。この学習課題は、条件刺激として光または音を動物に聞かせ、ある時間後（数秒以内）に無条件刺激として短い時間の電気ショックを床に与えたとき、最初、動物はその電気ショックの痛みと不快感のために飛び上がるような行動を示す（条件反応）。次いで条件刺激である音または光を動物に提示すると動物は次に電気ショックがくると学習していて、体をこわばらせ動きが止まるすくみ行動を示す。この学習は一回の条件づけでも獲得し、この条件刺激に対するすくみ行動で恐怖条件づけが学習されたと考えられている。すなわち動物は条件刺激が提示されると、電気ショックの恐怖を予測し一種の回避行動を起こす。

この恐怖条件づけ行動はラットの脳の一部である大脳辺縁系の扁桃体を損傷すると完全に消失することから、この扁桃体が恐怖条件づけにとっての責任部位であることがわかる。ルドーらが発見したことは、この発現経路には、音の条件刺激の場合、感覚視床から聴覚皮質を介して扁桃体に入る入力と、感覚視床から直接扁桃体に入る二重の経路が存在することを示したことである（図4）。すなわちこれまで聴覚皮質を介して扁桃体に音刺激情報が入力するという単一経路だけを考えていたものが、その聴覚皮質を破壊してもこの恐怖条件づけ学習は可能であることを示したことによる。その後、この恐怖条件づけ学習に関する神経経路は図4に示すように扁桃体の中でも複雑な神経回路を形成していることが明らかになった（ルドー、二〇〇三）。感覚情報は聴覚皮質からの入力と感覚視床からの入力の両方が扁桃体の外側核に入力し、この情報は扁桃体基底核、および扁桃体副基底核を介して扁桃体中心核に入ってくる。中心核からは視床下部、中脳、橋、延髄などに投射し、これらの部位は情動反応に現われる防御行動、自律神経反応、無痛、反射増強、下垂体―副腎ホルモン反応の制御部位である。中心核の破壊ではこれら情動反応の表出が障害され、例えば音を聞いて恐怖感を感じたときの心拍数の増加が阻止される。ヒトにおいて扁桃体を損傷した患者では恐怖条件づけが起こらない。患者は恐怖表情も認知できず、それに伴う生理的反応も出なかった。一方、副基底核からは前頭前野などに投射し、感情記憶、感情体験に関与する。中心核を損傷した患者は条件づけを行ったという事実は覚えていた。

記憶の生理学的現象には細胞での長期増強（longterm-potentiation：ＬＴＰ）が特徴的である（カンデル、二〇一四）。長期増強とは、神経細胞につながっている特定のシナプス入力に対して、ニューロンの興奮性が長期的に増強することをいう。ここで感情の記憶に関係している扁桃体について眺めてみると、ＬＴＰは視床の刺激により扁桃体外側核のシナプス結合において起こることが示されている（Huang ほか、1998）。またＬＴＰを起こす神経伝達物質のグルタミン酸受容体を阻害する薬を投与すると扁桃体における情動反応の発現は阻害されなかったが、情動反応の獲得が阻害された。その受容体の量を増加させるとＬＴＰの反応は促進することが示された。さらにタンパク質合成阻害薬を扁桃体外側核に投与すると情動反応の長期保持が阻害されることが示された。このことから扁桃体における情動記憶にはＬＴＰ、グルタミン受容体、タンパク質合成の関与が強く示唆された（カンデル、二〇一四）。

扁桃体では、情動の条件づけ反応の消去に関する研究も行われている（Myersほか、二〇〇二）。この場合消去とは、条件刺激が無条件刺激なしで繰り返されると条件反応が減弱していくことをいう。つまり音刺激が電気ショックと結びつかなければ、もはや音で電気ショックを予測する必要がなくなるので、その関係が消失したことを学習する。これは顕在的学習の忘却とは異なるメカニズムであり、潜在的意識の中で連合的な関係が次第に減弱していくことはある種の忘却といえるであろう。

運動記憶は、当然のことながら運動に関与する脳の部位が関係しており、大脳基底核の線条体、淡蒼球、小脳などの関与が指

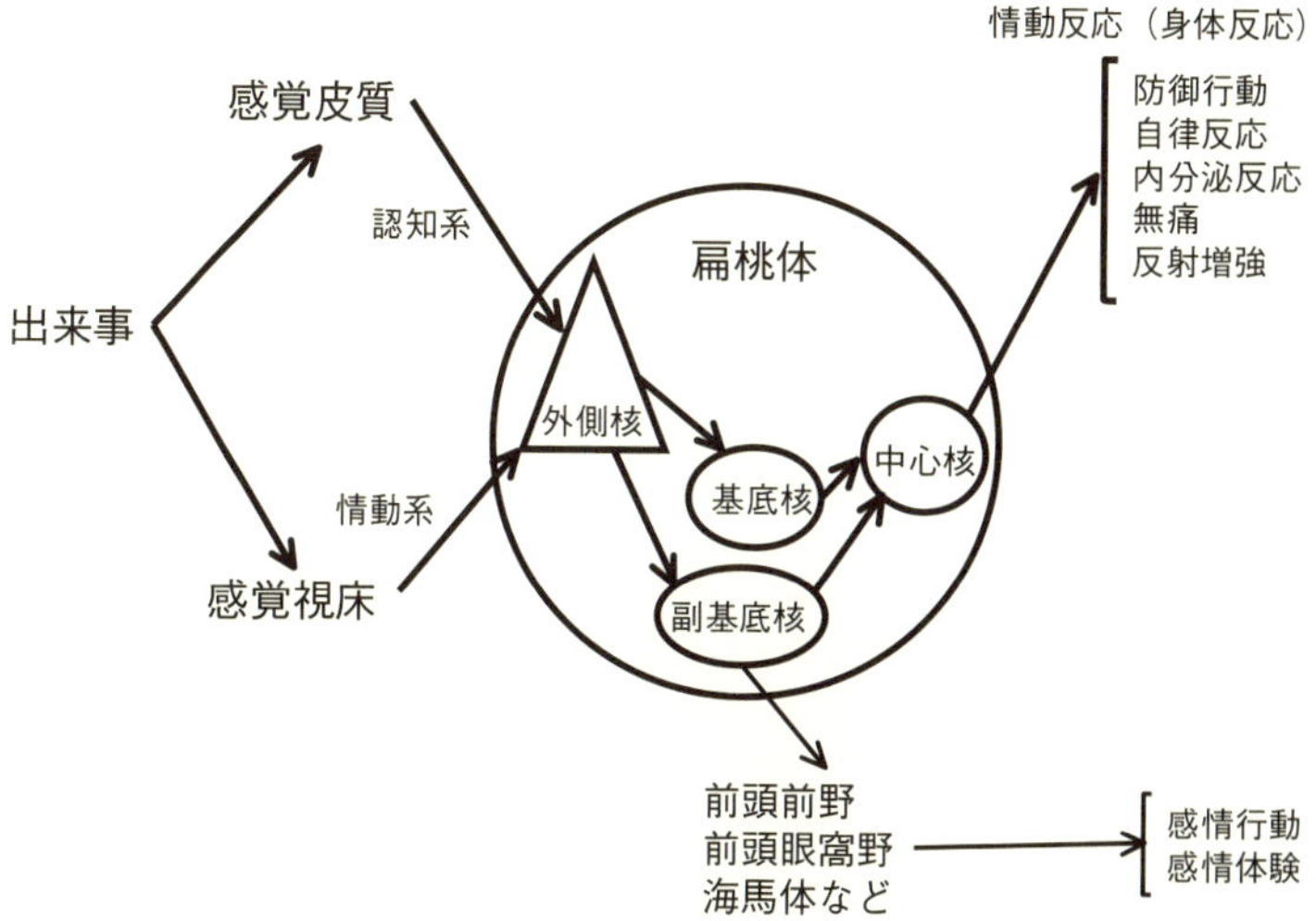

図４　感情制御の神経系
（ルドー，2003 一部改変）

摘されている。これら部位でも細胞レベルではＬＴＰの関与が示されている。

これまで感情に特化した記憶について論じてきたが、感情の記憶は通常出来事の記憶と密接に関連しているために、これが感情の記憶であると実験的に取り出して提示することは難しかった。しかし感情記憶は海馬体の記憶とは独立に存在するとも指摘されている（Phelps, 2004, Feinstein ほか，2010）。そして情動記憶もまた脳の中で独立に存在し、遺伝子によって制御されていると考えられる。特にここで強調したのは、感情に関連する記憶で、言葉に表せない潜在記憶の成分についてその重要性を指摘した。この情動記憶は記憶の分類でいえば、非宣言的記憶に区分され、技能や条件づけなどと似たような特性を有している。特に恐怖などのネガティブな感情の影響が大きく、不安症や強迫障害などの身体症状はこの影響下にある。不思議なことにポジティブな記憶の身体症状はあまり表出されない。この情動記憶が自律神経系や内分泌系を通して身体表現と強く関連することを考えると、身体変化はなかなか伝えるのが難しく、経験した本人だけで閉じてしまう。たとえば震災の記憶を後世に伝えようとする、モニュメントや震災建造物を残すのは簡単であるが、これは感情記憶から言えば顕在記憶に相当し、体験者の本当の苦しみを含むことは難しい。

第6章　情念の継承システム

継承されているもの、継承されていないものを考えるに、前章で議論した感情の記憶に関する議論がこの情念の継承に深く関与していることがわかる。特に記憶の分類で議論した感情記憶と情動記憶、顕在記憶と潜在記憶の二種類が存在することが情念の記憶と深く関連して、これらの議論を複雑にしている。そもそも情念とは人間の感情や欲望、本能の部分を指し示すが、これらが人を超えて、さらには時間・空間を超えて伝わり継承されうるのかの問題が横たわっている。

人は自分が感じたことや、この世になした業績を後世に伝え残したいと思うのは至極当然なことである。人生の大半を費やして築き上げた自分にとっての貴重な知恵や業績は自分がこの世に生を受けた証であり、自分の死とともに葬り去るには執着心が邪魔をし、何らかの形で生きていた証を残すことを強いる。人によっては公的な地位まで世襲しようとする。そして過去の巨大な古墳や遺跡モニュメントは文字に代わる最高の情念の記録であった。老い先短い母親が、戦争で亡くなった息子の忠魂碑を誰が世話する当てもなく建てたという心境の中にやるせない情念のほとばしりを感じる。

本当に伝えたいのは文字や言葉に表わすことが難しいとしたら、人はそれぞれの職業の中でどこかに自分が成し遂げたことの言葉以外の痕跡を残している。これらの方法は無限にあるが、それらが歴史の選択に耐えうるかは別の問題である。

ここでは情念を文字以外のもので残そうとした場合、大きく形として残せるものと形として残せないものの二つに分けることができる。前者は工芸や建築など作品として残せるものを対象とし、後者は芸能や技芸など無形のものに相当している。

第1節　有形の継承

形あるものの継承の代表例は、未完成のものを世代を超えて引き継ぐ場合である。それらは西洋の教会の建築であり、日本の寺社や城郭である。建物を新築しようとした場合、財政面や人的資源の関係でとても一代で完成しない場合がある。ヨーロッパの教会の歴史を紐解くと数百年かけて完成したと書かれていることがある。スペインのサグラダ・ファミリア教会は一三〇〇年来の建設途中で完成は十数年後であるという。またドイツのケルン大聖堂は六〇〇年の歳月を経て完成したという。これらはまさしく情念が時を経て代々伝わっていったことの表明ではなかろうか。日本では東大寺をはじめいくつかの寺社は火災や災害でこれまで何度も再建を繰り返してきた。信者の仏や神への祈りの場である寺社や教会をできるだけ極楽や天国に近づけようとして高さや絢爛さにこだわり、まだ見ぬ希望に向かって浄財を寄付し続けるのは、宗教とはいえ仏や神へ近づきたいという情念が民衆に継承されていった証とみなすことができる。もう少しうがった見方をするならば、支配者の欲望や果しえなかった夢を子孫が引き継いだともいえる。

何も建物だけではない。時の支配者は、領土拡大や国の支配を確立したいと大願を立てたかもしれない。しかしその前に敵がふさがり、時間をかけて一歩一歩しか進めなければならない現実があった。そして人間の命の儚さから夢を実現しないままに子供に引きつがざるを得なかった。子供が親の意思を受け継ぎ、領土の拡大や国の確立を成し遂げたとしたら、それは情念の継承とみることができる。ジンギス・カーンの意思、徳川家康の意思はそのように継承された。数十年と続く戦争も歴史の中では何度も繰り返され、憎しみや怨念が一代だけで終わらず、数代にわたって血族の怨念となって続くこともあった。

陸続きであるヨーロッパの歴史を眺めると、民族移動という侵攻にさらされると、繁栄を誇った国でも滅んでしまうことがたびたびであった。古代では、滅びる過程でその巨大な都市や優雅な宮殿は徹底的に破壊され廃墟となり、住民はすべて強制移住させられることもあった。さらには言葉も強制的に変更され、それらに付随していた神々も完全に抹消され、その土地の神々は殺された（ロバーツ、二〇〇三）。自分自身の言葉や建物を維持することは自分のアイデンティティの確保であり情念の継承の根底である。

周りを見渡せば、会社を引き継ぐのも、家を引き継ぐのも、親や先代の夢と自分の夢が一致した時、情念は継承されたといえる。代を経るにしたがって創業者の苦労は忘れられ、会社を潰した経営者は、創業者の情念を結果的には継承できなかったことになる。会社だけでなく、百年、二百年と続く旧家がその地で残っている例は少なく、祖先の思いはそこで断ち切れになっていることが多い。周りを見ればそのようなケースがいたるところで見られ、広くいえば歴史における個人での継承がいかに難しいかがわかる。日本では少子高齢化や都市への集中化が地方での継承の困難さに拍車をかけている。無縁仏や廃墟化した空き家が増えているという。

未完のものを完成にもっていく継承は分かりやすいが、陶芸などの多くの工芸の場合、師匠や先代、先生の作品が目の前に並んでおり、彼らが苦心惨憺して到達した境地の結果が作品としてそこにある。手本が残っているのは幸いである。何もないところから新たなものを作るわけではない。手本という歴史があり、その中に製作者の情念が埋め込まれている。実にさまざまな情念が完成の過程で埋め込まれ、その大きな流れの中で、自分の情念が作品の中に埋め込まれ、それらが伝承しうるとしたら作者にとってこの世に生まれてきた甲斐の一端があるだろう。

そのような先輩の作品が存在し、その横に自分の作品を並べたとき、作品の出来、不出来は自分がどう感じ、その中に自分の情念をどう埋め込んだかにかかっている。先代の作品とまったく違った情念をもった作品を作ることになるのか、それとも根底に先代の情念を受け継いでいるといわれるような作品を作ることになるのか、どちらかの選択しかないが、少なくともいえることは先代の作品の完成度を超えなければならないという後を継いだ芸術家としての宿命がある。作品の中に自分の情念を埋め込むということはそう簡単なことではなく、先代と同じものを作れば模倣で師を乗り越えていないといわれ、技術のみが先代を越えたとしても人に感動を与えることはできない。一代で新たな境地を築いた人の言葉の中には、よく「無心で」、「自然から学んだ」というような言葉の羅列が見受けられるが、インスピレーションはそれでしか表現できないのか、他人には理解できない境地である。

その感性は身体を通して自ら体得しなければならないようである。情念の継承とは、感情の潜在記憶の琴線に響かなければ本当に伝わったことにはならない。それは身体記憶として個人自ら努力して書き込まなければならないものである。この身体記憶は肉体と共に滅びてしまうものであるが、形あるものを通して自らの情念を残すことができる。しかし多くの技能や工芸が歴史のかなたに消え、今では再現が不可能になった作品が数々あることも事実である。その中でも国宝の油滴天目茶碗はその典型例である。多くの人が同じものを作ろうともがいたが、現在においても誰一人としてそれを忠実に再現することはできず、その技術は失われたようである。見本や手本がそこにあったとしても手の届かないものが存在する。

また目に見える手本は何も独創的なものだけではない。現代の宮大工の仕事を眺めると、一四〇〇年前の建物を忠実に修復し再現するという技術と意思はまさしく情念の継承のもう一つの姿である（山崎、二〇〇八）。決してそこに自分の執着心、つまりは自分という存在を古い寺社の修復に埋め込まないという意思が感じられる。この寺社を作った職人の思いを忠実に継承して千年後にまだ見ぬ世代の宮大工が、三千年前の建築に思いを馳せられるように残し伝えていくというのは、まさに情念の継承の神髄である。弟子に教えることは技術や技能だけではない。その木の命を読むという心構えと「自分がした」という執着心を封殺するということがまさに職人魂であるといえる。残念ながら戦国時代の約百年間、伊勢神宮の式年遷宮は途絶えたという（浜島、二〇一三）。古い記録だけを頼りに百年後にすべての技法を復活しなければならなかった棟梁の苦悩は非常に大きかったに違いない。昨今の伊勢神宮の式年遷宮では現代に合わせた建築のシステム化が図られたとも聞く（浜島、二〇一三）。同じ建物がコンピュータに書かれた設計図や作業書で作ることが可能であり、それが後世に伝えうる現在の最良の方法であるといわれるが、そこには歴史の継続、心の継続という不立文字の情念の継承が薄くなっていっている現実を垣間見ることができる。形はこのようにコンピュータと現代の技術で繋ぐことが可能であるが、寺社を作るとき、全国に写経を売り、喜捨を受け、その浄財で建築したという民衆の思いは伝わっていかない。民衆は苦しい生活の中で死後の極楽を願いつつ、行基の思いを通して伝えたかったことが東大寺の建物の中に埋まっている。その思いを棟梁は感じ、受け止め、変更することなく、この匠の技を後世に伝えていくことが生きてきた役割であり、現在においてそのような棟梁がいたというのは継承が難しい時代にあって一つの救いであろう（山崎、二〇〇八）。

長きにわたり継承されたものといえば京都の祇園祭などもあげることができる。祇園祭は当初、疫病からの無病息災を願った御霊会であったものが、親から子へ、そして孫へと祭りの形と型が受け継がれていく中で、受け継いでいくこと自体が新たな情念になったとも見受けられる。自分の代で「ずっと続いてきたこの祭りを潰すわけにはいかない、先祖様に申し訳ない」という気持ちが新たな情念となり、自分の役割を千年間この祭りを継承していく単なる中継にしかないと徹する心には何か人の心を打つものがある。初期の情念は時代とともに消えることはあっても、山鉾やそれに付随する伝統芸能を忠実に継承することによって、時に初期の情念が蘇って改めて再確認の場となることもあるだろう。そして継続していくことによって日本の情念の無意識の継承が引き継がれていっているとも見え、これもまた形を通した別の意味での情念の継承にあたる。日本にはこのような伝統がいたるところで引き継がれている。

また人工物だけでなく、風景も情念を形成する大きな要素である。自然、街並み、山川などその土地で誇れ、自慢できるものを子供や孫に、さらには遠い世代に残したいと思う心は素朴なものがある。その風景が百年、千年と続くようにと人が努力する姿にも見るべきものがある。

第２節　無形の継承・型の発見

感情や欲望や本能は本質的に身体に直結したもので、形の見えないものである。また他人との共有は本質的にできないものである。喜びの場面に遭遇したとき、その喜びは共有できても強さは絶対に共有できない。子供が賞をもらった時、両親の喜びと友達の喜びは程度が違うだろうし、悲しみもまた同様である。

その目に見えない形のないものを継承していかなければならない現場が世の中に存在し、それらがまた確実に歴史の中で継承されてきている事実を考えると、そこには何らかの人間の知恵が働いていなければならない。
その知恵の第一は、記念館や博物館などで人々の情念を記録として語り伝えていくことである。今日、図書館や博物館に行けば実際に現物を通して過去の人々の思いや苦難、喜びを確認することができる。世界の記念館には地元での誇れる人物、戦争や災害での苦しみの歴史が記録され展示されている。建物や現物が持つ強い迫力には再度記憶が呼び戻される力があり、それらは人間が忘れまいとする知恵である。また別の方法としては形なき情念を文字に写して残すことがある。宗教においても世界三大宗教のすべてで教えは話し言葉から書き言葉の文字化がなされ実体として残している。

しかし別の分野では形や文字として残し伝えることが難しいものがある。日本ではそれは技芸の世界である。能、歌舞伎、浄瑠璃、文楽、茶道、華道、香道、舞踊など枚挙にいとまなく、そしてこれらは共通に情念の表現を主題として人間が演じているものである。創始者もいたし、一世一代の名人もいた。これらの分野では、個人的で見えないものを、身体化を通して見える共通の「型」として確立し、残し、継承するというシステムを創っていった。平たくいえば「型」の発見と家元制度は情念を継承するための人間が編み出した知恵ともいえる。その点が西洋の言葉で残した情念の継承とは違うところである。

能を例に挙げれば、能の演題はさまざまで約三百題目が現代に伝えられてきているが、その中で現在演じられているのは二百題目程度である。それらすべての能は基本的な身体表現を設定し、感情表現はそれらをベースにして組み立てられている。足のハコビを見れば基本的には二種類で、すり足と流れ足である。足のハコビは強弱や速さなどを変えることによってさまざまな場面に対応することができる。能面の扱い方、扇の型、手のハコビ、腰の使い方、息遣い、間の取り方、声の強弱、音色、スピードなど、能を舞い演じるには基本的なパターンを習得した後に、それぞれの曲目にあった身体表現を学ぶことになる。悲しみの表現では「シオリ」「モロシオリ」の型がある。シオリは片手を顔より少し離れて前方で目を覆うように上げて涙を抑えるしぐさで、モロシオリとは両手で同じ動作をすることである。面の使い方では「クモラス」という面をやや下向きにして悲しさをこらえる型があり、この型どおりに演じると悲しみの表現が一番楽になるという。「ユウケン」は広げた扇を右手にもち、右斜めの上に向かって大きく二回上下させることによって喜びや興奮、怒りの気持ちを表す型である（原田、二〇一四）。

このように能は動作を単位化したユニットに分けたから継承可能になったともいえる（西平、二〇〇九）。江戸時代、商人などが能を習いたいと申し出たとき、型は稽古の段取りの可視化と身体化であり、パターン化と標準化で誰もが学びやすくした動作のマニュアル化ともとれる。目に見えない情念の表出を如何に効果的に引き出すかを考えたとき、さまざまな演題に共通に現れる動作を分解し体系化することによって、他人は模倣しやすくなっていった。まさに型は感情の記憶を運動記憶に変換する仕組みで、これによって情念は人から人へ、時から時へと継承しやすくなっていった。家元は模倣だけからではできない微妙な情念の表現の綾をさらに加えて秘伝として弟子や子供に伝えていった。しかし型はあくまで基本であり、そのバリエーションが工夫されて情念を感動的に見せることができる。自由自在に情念の表出を扱うにはさらに苦しい練習の中で体得した無意識の動作で無心の心境が必要とされるのかもしれない。

歌舞伎では別の意味での型が伝えられている。それぞれの演題でも流派や家元によって最も効果的で具体的な演技や演出の型が発明され、それらが代々伝えられていっている。セリフの言い回し、右足をあげるのか左足をあげるのか、さらには大見得での手の上げ下げ、目の向きなどの技法が歌舞伎の粋を追及する中で伝えられてきている（渡辺、二〇一三）。

その基本的な「型」は幼いときに身体記憶としてきちんと身につけておくことが、将来あらゆる演題を演じるときの基本になった。まさに模倣を通して体が覚えるという仕組みを考えることによって、その身体記憶を代々伝え保持していくシステムを創出したことが、古典芸能が、人が変わっても芸の高みを維持できた秘訣ではないかと考えられる。

この点を感情表出の視点から見れば、能の台本に沿って感情ドラマを演技しなければならない役者にとって感情の扱い方をどう運ぶかが問われてくる。台本に書かれている言葉は前章で述べた認知的表出の部分で知識としての顕在記憶からの表出に当たり、読んだだけで怒りに体が震え、悲しみに涙を流すことはない。この認知的表出を実際に「涙を出さずに泣く」という演技が能の役者に求められる。一般に認知的感情表出が身体的情動表出と一体として表現されなければ、そこに「嘘」やわざとらしさが残り、不自然であると目の肥えた観客にすぐに見破られてしまう。実際に涙を流す必要があるかというと、能面がそれを隠し不可能にしている。そこに「型」が登場し、悲しい場面をたとえば共通化した「シオリ」として演じ、動作表現と能面という「型」だけで、そのわざとらしさをなくし融通性を担保している。それだけではない。一般の感情表現に伴う「動」の部分を「静」の動作で表現するという相反する工夫を凝らし、情念が大きいほど、動作は抑制されたものになる。能面はそれを増強している。そしてそれを補うものとして囃子や謡があり、言葉や音で感情表現の背景を示している。舞台背景や道具は抽象化され、三間四方の空間に海も山も川も自由に作り出すことができ、薪能では光の揺らぎが能面の陰影に微妙な変化をもたらし一層の能の演出を助けている（林、二〇一三）。すべてが計算し尽くされた喜怒哀楽の表出の「型」といわなければならない。台本は筋書きであり、台本そのものが観客に感情を伝えるものではなく、役者の演技こそがリアル感を伴った感情を伝えるものである。

観客はその動作表現と舞台演出の中に想像力を働かせて役者の感情表出のすべてを見て取らなければならないことになる。観客にとっても重たい作業になるが、役者が不可避的な情動表出を示さないところに「泣かずに泣く」という感情表出の極意がある。それを「型」という動作プログラムの中に組み込んだ世阿弥の才能には驚くべきものがある。そこから観客に見せる「型」にしたのであって、綿密に計算し尽くされた「型」は役者のもので観客のものではなかった。観客はその型を通して感動に浸ることができた。

それに対し映画や演劇は感情表出が直接的で、悲しい場面では役者は実際に顔をくもらせ涙を流すことが強いられる。俳優とは感情表現において自己の感情を状況に応じて変化させる技術を習得し（ボレスラフスキー、一九五三）、感情記憶を情動の身体記憶と瞬時につながる訓練を受けた人をいうのであろう。表現が直接的であるために、観客は容易に感情移入でき、それで満足して帰ることになる。

そしてその「型」を強固に維持する仕組みが「家元制度」であった。家元には芸の維持だけでない管理者としての役割もあったが、身体記憶の継承は重要な役割であった。家元制度の特徴は、親や祖父の芸を小さいときから普通に見聞きし、能の練習場を日常の場として駆け巡って育ったことが、芸を引き継ぐべき子供の原風景として自然と組み込まれていった。そして能を学ぶための「型」の教育も世阿弥は書き残し、成長に伴ってどのような順序で稽古をしていけばよいのかが記されている（世阿弥、二〇一一）。大人になって自然に、無意識にさまざまな場面の役者が演じられるようになるためには、子供の時の基本的な「型」の習得が重要なようで、四〇〇年前の世阿弥がそのような練習プログラムまで用意していたのは驚きである。そのような身体的技能を身につけた子供が成長してさらに祖父や親から本格的な厳しい芸の伝授を受けたとき、その身体記憶は非常に役に立ち、能では老体、女体、軍体のどれにも対応できるようになる。それは現代でいえば、スポーツを習うのに、また音楽を習う時、子供の身体と能力にしたがって特別のプログラムが用意され、世界一流となるよう選手や演奏家を育てるようなものである。しかし違うところはスポーツや音楽に親子間に能力の継承はないし、「型」のようなシステム化された情念の継承はない。また西洋には工房、ギルトといった徒弟制度があり、江戸時代にも絵の工房があったが、そこは技能の継承であって、情念の継承はなかったといわれる。

人間国宝と呼ばれる人の自伝には必ずといっていい程、子供のころの修行の厳しさが書かれているが、親の身体記憶はそうやって子供に伝えられた。芸は親の演じたものを見て、模倣することによって少しずつ身体技能として無意識のうちに体得し記憶されていくものである。だから家元の子供は、芸のレースでは生まれながらにして一歩先を歩んでいることになる。このような営みがおそらく長年、連綿と続けられてきたことであろう。

もし子供がいなかった場合は、養子縁組ということもあった。弟子の中で才能があるものや親戚の中から才能あるものを見出し、親の芸を伝えることもあった。また親が早世した場合は、兄弟子が基本を教え、流派の他の師匠が親に代わって基本を教えたようである（竹内、二〇〇二）。たとえ親が早世したとしても家元制度は家元を頂点とした巨大なシステムを構成しており、全体の組織の中に、基本の「型」は進化心理学でいうところのミームという形で保持され継承されていく分散記憶的な仕組みが編み出されている。情念の記憶は個人的なものであると同時に集団でも共有することが可能ともとれる（コナトン、二〇一一）。

このように「型」はある種の情念表現の可視化であり、顕在記憶化でもあり、これは代を経たとしても伝えられるものであった。「雅楽の家では深く秘することによって相伝者に限られ、相伝者が次の者に伝えないうちに死を迎え、断絶した曲目」があるという（原田、二〇一〇）。落語の世界では家元制度のような厳格なものではなく内弟子制度が技芸の中で行われている。若いときに師匠の家に入り込み、師匠の身の回りの世話をし、師匠の日常の振る舞い、芸を見聞きしているだけで、自然と師匠のこころが伝わっていくという制度である。これを経るのと経ないので芸の上達に大きな差が出るという。このような仕組みで落語の情念は弟子に伝わっていく。

このように形のないものは、目に見える「型」に変換して情念の継承を保っていたが、そこに人間の感情や欲望、本能を表現しなければならない職業に携わっている人たちの知恵があった。感情記憶は前節で議論したように真に表現するためには情動記憶に訴え身体表出を伴うものに変換する必要がある。それをうまく無意識に表現できるかが観客に感動を与えることにかかわってくる。能や歌舞伎に代表される日本の「型」による可視化と「家元制度」による継承のシステム化は誇るべき人間の知恵であった。芸の極致に「無心」という境地があるとすれば、無心の境地を簡便に子や弟子に伝える方法が徹底した「型」の修練ではなかったのではないだろうか。言葉で伝えることが難しい無心の境地を伝えるとは、直接身体記憶に訴え、そこから直接身体表出を生み出すことが可能であると考えられ、そのマニュアルが繰り返し行う「型」の鍛錬であった。心理学的には苦しい修業による顕在記憶と潜在記憶の分離であり、それを通して自由な身体表出を確保したといえる。そこが西洋での教科書にしたがって理論やマニュアルにもとづいて言語で教える技術とは違うところであり、記録がすべてであるというスポーツの世界とも違うところである。

この無形なものを形と型にして継承していくという知恵は技芸だけでなく宗教にしても、仏像やイエス像のような偶像で対象化し、密教では曼荼羅、阿字観などの視覚的図像的イメージで補っている。仏教では念仏という易行のワザを考案し念仏踊りという身体運動の形で継承のつながりを出している（苅部ほか、二〇一三）。仏教では釈迦の死から二〇〇〇年も経つと、口承だけで伝えられてきた釈迦の教えがそれぞれの記憶の不確かさと自分の都合の良い解釈によって変貌を遂げ、統一が取れなくなってきた。そこで文字の記録としての経典が作られた。情念ができるだけ正確に伝わるようにと宗派や時代によって異なる最善の方法を見つけてきた。法会での荘厳な儀式も一つの情念を示す型である。

第３節　時間・空間の共有

情念の継承についてここまで議論してきたが、情念の継承とは、知識の継承とは本質的に異なり、活字に起こせず、身体記憶と深く関与しているために継承問題を困難にしていることを指摘した。それに対する人間の知恵として、目に見えない個人的なものを可視化し、普遍的な「型」の中に押し込める方法があることを指摘した。そして技芸の世界ではその「型」を手本に鍛錬によりそれを乗り越えることが情念の継承であると議論した。

継承という過程は、時間と空間の共有を前提にしている。臨場感を伴った情念の継承には情念の可視化だけでなく、直に教えを乞うという時と場所の共有が本質的である。家元制度や徒弟制度は時間と空間を共有するシステムといえるが、この空間と時間の共有がないところに情念の継承は難しい。だから人は可視化として型を残し、芸はそれを教えるときの時間と場所を作り出してきた。身体記憶は個人に属しているため、人と人のオーバーラップ、すなわち親と子、祖父と孫などとの一対一の直接の教え、すなわち時間と空間の共有を通して、身体記憶は継承された。この中でも芸の時系列は決して文字から伝えることはできなく、たとえ短時間であっても時と場所の共有からでしか伝えることはできない。「間」や息遣いのような時間感覚も身体記憶である。体操の先生が若い選手に手取り足取り教え、時に模範を演じることによって、運動を伝えるように、情念の根本はそのようにしてまず初めに師匠が弟子や子に模範を示しながら型を教え、それが無意識に演じられるまで教え込む。そして型の応用として、無心の心境を演技の中に織り込めていくのは役者本人である。決してビデオや映像からは伝えられないもので、言葉の指導だけでは薄っぺらい内容になってしまう（原田、二〇一〇）。観客に感動を与えるためには、そのような型が先代の発見により伝えられて、ある程度までは情念を観客に伝える簡便さを保証してきた。その後、親や師匠、兄弟子の見えると見えないとにかかわらず、同業者や同僚、身内のプロの相互評価に耐えて初めて観客に見せられる芸に育っていくことになる。能はある面では集団演技でもある。ワキ、謡、囃子などとの息が合って初めて役が生きるのであって、自力だけでは芸の達する到達点は限られている。目の肥えた観客、周りのアドバイス、そしてもちろん自分自身に対する厳しい評価と自己精進が芸の継承を可能たらしめている。その中で時間と空間の共有は必須条件であることは明らかである。だから工芸などや技でいったん途絶えると再現が難しいのはそこにある。

いったん、観客に目を向けると、観客は感じる存在ではあるが、観客の感性は時代の流れや雰囲気に翻弄され、とらえどころのないようなものである。彼らにとって伝統や型といったものは感動や感激を求めるにあたって意識されることはない。それらは目の肥えた観客でありプロの批評家のテリトリーに属するもので、刹那的に一時の心の癒しと多幸感を求める観客にとって、役者から醸し出される情念のほとばしり、感情表現の最高のものを通して、感動が感じられればよいだけである。さらに進んで役者自身が醸し出す感情の波、流れの情念の綾の変化を愉しむ。そこにはその感動を損なういかなる動作も、音曲の不自然さも、舞台の不自然さも感動の流れを乱すものとして興ざめさせられる。演者はそのことを含め修行するわけであるが、若い役者は山場の場面で意識的に見振り手ぶりを大げさにするなどして強調しようとするとそこに役者の意識的介入を見て取り興ざめする。芸の達成者がいう「無心」の中に観客は、強制されない想像力の無限の羽ばたきを働かせることができるのである。観客は時代を超えてその「無心」のキャンパスに描かれた題材を自由に想像し描けるだけの想像力と鑑識眼を育てなければならない。時には観客の想像力を強化するために、現実世界と切り離し、死後の世界に戻るという場面を設定するという演出もあった。そこには役者との同一の時間と同一の空間の共有を通して共に演題に描かれる情念を作り上げていく演出が感じられる（竹内、二〇〇二）。百個の作品を一回ずつ見る人を満足させるより、一つの作品を百回見る人を満足させるのは難しい。観客に飽きずにもう一度見たいと思わせるところは非常に難しい。

他の技芸も、能の継承システムと同様なことが行われている。家元制度がなければ子弟制度という時間と場所の共有を伴う情念の継承システムがある。見えず、触れることのできない情念を後世に伝え残そうとしたとき、親や師匠の背中を見て、彼らのことを身体記憶の中に受け止めていく中で、親のこころや師匠のこころが受け継がれていく。決して言葉だけでなく時間と場所の共有と感情記憶と身体記憶の可視化の両方が求められ、それが省略されると、臨場感を伴った情念の継承は難しいし、真の技芸の継承はなくなる。たとえ一方の作品や型だけが残ったとしても、親や師匠が歴史的義務感として感じた役割意識は消えてしまうことになる。いったんこれらが消えると再現されたとしても形式だけになって情念は別物になっている。
　このようなことは何も技芸の世界だけのことではない。情念の継承という点からいえば、不思議なことに、どの世界でも一流の先生から一流の弟子が、一流の研究室から一流の研究者が育つという。いい後継者を得れば、それだけ自分の情念の継承が確実になっていく。そこには単に教科書や論文からだけではない指導者の個性やプライドのような目に見えない情念の継承の糸があるのかもしれない。

　また知られざる一般市民の家庭の中でも同様なことがいえる。歴史的に眺めれば一個人の経験から学んだことは些細ですでに知られていることかもしれないが、本人にとっては一生かけて獲得した価値ある知恵である。別には一人の人間が真面目に生き、誠実に生き、一生懸命に子を育て、家族を養って短い人生を終えようとする姿を親は子にわかってほしいと思う。そこから人生を一人で生きる力をつけてほしいと思うのは自然である。その時、親の思いは言葉で表現されようとするが、俄然、力は弱く、思いの継承とはここでいうところの「型」にして、そして子供との場所と時間を共有することの両方が満たされることに尽きる。その型は伝統芸能のように格式ばったものではなく、その家のしきたりや習慣でも、祖先伝来の宝でも、ルーツを示す家系図でも、おふくろの味でも、親の形見や本でも、親の職場の生き様を見せるだけでもよい。なければ子供と一緒に何かを成し遂げた記憶や旅の記憶でもよい。それらが型の代わりとして情念の継承を支えていくことになる。本来ならば親子の仕事場と生活の場が一体であれば継ぐことに問題はなく、子供は親の仕事ぶりを原風景として脳裏に刻んでいけるが、残念ながら現代では不可能である。江戸時代は家であり家訓であった。

しかし残念ながら、われわれの身の回りを眺めると、これができていないことが多い。現代社会の家庭は核家族となりさらに孤立家族となり家族間のコミュニケーションも子供が大きくなるにつれて難しくなってきている。子供のことを考えたとき、単純に家を継ぐことが子供の幸せになるのか疑問な場合が多い。特に産業構造が変わり老舗といわれる古い家は継ぐことと継がせること、単純に田畑を継ぐことと継がせることの歴史的な責任感と義務感の葛藤が大きくなってきている。親の心をどう子供に伝えていくのかを考えたとき、果たして物理的な時と場所の共有はあったとしても親の心を継承する意味合いがどこにあるかと改めて問われると答えられる親は少ない。時には親のエゴが優先され子供の幸せを奪うこともある。しかし人間がそこに存在するということは、その家系が連綿と続いてきていることを意味している。親にもまたその親がいるように、目に見えない先代の心を受け継いでいると考えたいが、いかんせん、どの家を見ても「型」として親の情念をつぎ込んで残すというものが少なくなっている。財産、地位、お金、資産などはモノである。それらがあればだれでも継ぐことはできる。しかしこれらを維持発展させ、次々の世代にさらに引き継いでいかせることは誰にでもできることではない。時と空間の共有があっても親の情念を残すことは非常に難しい。また家を残そうにも現代の日本の家は西洋の石の家と違って百年はもたないように作られている。それが今日の社会システムである。そこに情念の継承の時代背景を見ることができる。

おわりに

これまで情念の継承を主題として人類が経てきた感情と欲望に関するすばらしさと愚かさの一部を眺めてきた。歴史が続いてきているように情念もまた歴史の底流を静かに流れている。感情や欲望とは言葉に表すと嘘のようにも見え、その現時性の豊かなリアリティは失われてしまう。感情や欲望は身体記憶の一部であり、身体を抜きにしてそのリアリティはあり得ない（ダマシオ、二〇〇〇）。この情念を後世に伝えるのに人類はさまざまな工夫を重ねてきた。特に情念が主体である芸術・技芸の世界にはさまざまな工夫が見られ、一言でいうならば文字化と同時に異なる言語である「型」を含めた身体記憶に継承の知恵をめぐらしてきた。身体記憶は肉体の死とともに消えていく存在の中にあって、情念のリアリティもまた消えていく運命にある。そのリアリティを人から人へ、さらには時間を経て、記憶を通して後世の世代に伝えるためにはどのような手段が最もよいかを考えたとき、個人的な感情や情念の身体化とその可視化が選択の一つとして選ばれ、「型」は他者に伝える工夫とされた。本書は感情の記憶という人間が有する重要な機能の特性を通して、人間世界における情念の継承について論じてきた。

人類が、今ここに存在し、少し先の未来においても存続していることが疑いないと信じることができる状況にあって、文化は生き物のようにつながりを持って続いていっている。総体としての知は、文字化できる認知性の知と、文字化できない身体知の二つに大きく分けることができる。前者は図書館に蓄積されており、時間・空間を経ても継承可能なものである。問題は後者の身体知の部分で、その成果は美術館や博物館の中で見ることができるが、身体知そのものの継承は非常に難しい。情念の継承問題は後者に属し、未来にこの身体知を伝えようとしたとき、先人は情念の身体化とその可視化、すなわち型を通した工夫を発明してきた。情念の継承とは、感情や欲望にまつわる身体記憶の模倣と再創造プロセスを経る人と人の時間的・空間的つながりだとしたら、情念の継承とは同じものを受け継ぐことではない。それは単なる模倣であり、時代に埋もれ失われる運命にある。情念の継承は伝統を乗り越え、型を超えて、師の教えを礎として新しく創造されるものでなければならない。

本書ではさらに感情の記憶を情念の身体知としての情動記憶と、文字化された知の部分としての感情記憶の二種類に区分し、前者が非宣言的記憶かつ潜在記憶であることを指摘した。その無意識化された情動記憶を人から人へ、時と場所を超えてつなげるためには、情動記憶の身体化とその可視化が重要であることを指摘した。情念の継承とはその可視化されたものを模倣し、再創造することで成し遂げられるものである。その時、このつながりの循環が一端途絶えると、身体知をベースにした可視化された型の中に埋め込まれた情念のつながりは途絶えてしまい、形式だけの継承になる。その場合、情念の再現には大きな苦労と努力が求められ、多くの技芸が歴史の中に埋もれていった。これは文字化された知の継承とは大きく異なるところである。

今日の感情学は、感情の中枢が認知機能と身体機能の両方に関連した位置にあり、実際につながっていることを示している（福田、二〇〇三、二〇〇六）。最も研究が進んでいる脳の中にある扁桃体は、認知機能の中枢である前頭前野とつながり認知の感情バイアスとして議論されている。また扁桃体と繋がっている視床下部や脳幹は自律機能や内分泌機能を通して身体に影響し、ジェームスが述べているところの感情の色彩を帯びた身体反応を演出している（福田、二〇〇六）。その両方の働きで、現在に生きるわれわれは豊かな感情体験ができる存在としてここにある。それが時間を経るにしたがって忘却により記憶や記録のリアルな再現は怪しくなり、悲しいという言葉を百万回書こうとも感情の記憶の身体変化に伴うリアリティは再現されない。それを人間はこうあるべきであるという認知の体制化や一貫性という機能によって補って世界を眺めており、それで十分人生は成り立っている。しかし情念の表現や伝達を職業としている世界ではそう単純な話でもなく、感情のリアリティと深淵さをどう子や弟子に伝えるかが問われている。その工夫が「型」の発見であった。

これまでの議論では、最初に「情念の継承ありき」として、この中に横たわる問題について議論してきたが、情念の継承をしたくてもできない人、継承できない環境にいる人、継承したくない人、忘れたい人など、必ずしもすべての人において自明な命題ではない。情念は常に時代の価値観を伴うため、情念の継承の社会学的問題についてはここでは取り扱わなかったが、格差に伴う貧困にかかる情念や不幸につながるネガティブな情念は消し去りたいものである。また大震災などの記憶ではモニュメントを残したい人と忘れたい人との意見がまとまらなかったこともあるという。一方で太平洋戦争が終わって七〇年、戦争を経験した人が亡くなっていくときにあたって、七〇年の沈黙を破り自分の体験を未来に残さなければならないと語る元兵士の心境はどこにあったのだろうか。

育った故郷を捨てて、離れた都会で生活しなければならない人々が都会の片隅で、同郷の人々と故郷の良さを語り合い、都会の中で故郷の再発見を訴えることもある。時間も空間も異なる中で、生まれ育った時に刷り込まれた情念は誰に何を伝え残そうとしているのか、それとも単なる自己のアイデンティティのための自己確認の行動なのか、それらは社会学的に考えなければならない問題であろう。

さらにいうならば、祖国を出て海外に生活の場を求めなければならなかった移民や亡命者における情念は、継承されるべきなのかどうかは必ずしも自明ではない。異国の地での一世代の人々にとって故国はアイデンティティの基盤かもしれないが、二世代、三世代となってくると親の祖国を知らず、生まれ育った国が自分の故郷となる。その中で生きていかなければならないとしたら、親の想いは時に断ち切らなければならない運命に立ち会うことになる。それでも親の心は語り伝えていくべきなのであろうか。そのうちの何が子孫に受けつながれていくのであろうか。極端には祖国に裏切られた人もいるだろう。同様に、社会の中の片隅で生きている貧困にあえぐ人々の情念もまた同じ問題を持っている。その時、社会はそれらの情念を無視し、消え去っていくのをそのまま眺めていくのか、考えられなければならない。

情念の継承での前提は平和で余裕ある社会であることである。ひとたび戦争が起これば、生命の存続と飢餓への不安、死への恐怖という本能が優先され、とても国民の文化の維持にまで知恵が及ばない。平和は民衆の究極の願いであると同時に、隣り合う人間同士が共存するという人類が達した知の結晶でもあるが、自分の生存が脅かされる恐怖の前に情念は民族や国のナショナリティと結び付き、先人の知恵である自由、平等、博愛は自分の世界だけで通用し他者には及ばないような狭い知恵になる。国家が危機を叫び、民衆の恐怖や怒りをもてあそぶとき、未来は限られてくる。人類は未だ知と情のどちらを優先するかという二分法の呪縛に囚われている。地球のいたるところで起こっている戦争を見れば、人間の絆は失われ、伝統という過去も本能の充足という絶対的要求の前に伝統の持つすばらしき情念の継承は無力化され、怨念や復讐の情念だけが継承されていっている。

そのような人間を取り巻く時間と環境の変化の中で文化の継承の姿も変化を余儀なくされている。千年前は徒弟制度での継承が可能であったものが、今は一部を学校教育というシステムに頼らなければ継承できない時代になっている。そして情報化社会にあっては、変化が秒単位で起こり、忘却も秒単位で起こっている。そのような環境の中で文化の継承、さらには情念の継承はどう位置づけられるのか、また変化の激しい移ろいやすい社会の中で情念の継承はどうあるべきなのかを考える旅がこの本の主旨であった。人類発祥の二〇万年前の人間の思いから情念の構成要素の感情の記憶の脳神経メカニズムにまで議論は広がっている。その間、事実として人類は紆余曲折を経ながらも存続してきている。個々に見れば幼い命を失うことも、親・知人が不条理の世界で命を奪われたのもあったであろう。それらすべては歴史の大河に飲み込まれ、歴史は今日まで延々と続いてきている。その大河の中で情念を取り出し、続くべき情念と失われていく情念について考えてきた。

記憶とは不思議なものである。昔の人は、記憶が脳の隙間である脳室に蓄えられていると考えていた。現代は神経細胞のシナプスの繋がりや、細胞内のたんぱく質合成の中に蓄えられていると考えられているが、中身が変わっているだけでロジックは同じである。ここでは記憶の中でも感情の記憶に焦点を当て、文字として書き表わしにくい感情の記憶の継承について議論してきた。その中で人類は多くの経験を知としてため込んできたが、感情の記憶はため込むことが果たしてできてきたのだろうか。そんな疑問を持ちつつ、将来、感情記憶の身体記憶のメカニズムの解明が進み、「能」などの技芸に蓄積されてきた経験知が感情記憶にどのように関与しているかのメカニズムが解明されていくことを期待したい。

参考文献

石毛直道　石毛直道 食の文化を語る　ドメス出版　二〇〇九
伊東　乾　指揮者の仕事術　光文社　二〇一一
井上八千代／京都新聞社編集局編　京舞　淡交新社　一九六〇
内田　樹　修業論　光文社　二〇一三
苅部　直、黒住　真、佐藤　弘夫、末木　文美士編　秩序と規範―「国家」のなりたち―　岩波書店　二〇一三
神田裕行　日本料理の贅沢　講談社　二〇一〇
木下長宏　美を生きるための26章―芸術思想史の試み―　みすず書房　二〇〇九
佐藤郁哉、芳賀　学、山田真茂　本を生み出す力―学術出版の組織アイデンティティ―　新曜社　二〇一一
下川耿史　盆踊り―乱交の民俗学―　作品社　二〇一一
世阿弥　風姿花伝　市村宏訳　講談社　二〇一一
高遠弘美　七世竹本住大夫―限りなき藝の道―　講談社　二〇一三
竹内　誠監修　世襲について―芸術・芸能編―　日本実業出版社　二〇〇二
田中真知　美しいをさがす旅にでよう　白水社　二〇〇九
田中雅志　魔女の誕生と衰退―原典資料で読む西洋悪魔学の歴史―　三交社　二〇〇八
中村　明編　感情表現辞典　東京堂出版　一九九三
西岡文彦　恋愛美術館　朝日出版社　二〇一一
西平　直　世阿弥の稽古哲学　東京大学出版会　二〇〇九
浜島一成　伊勢神宮を造った匠たち　吉川弘文館　二〇一三
原田香織編著　狂言を継ぐ―山本東次郎の教え―　三省堂　二〇一〇
原田香織　現代芸術としての能　世界思想社　二〇一四
原田紀子編著　能への扉―演者が語る能のこころ―　淡交社　二〇一〇

林　和利編　能・狂言を学ぶ人のために　世界思想社　二〇一二
福田正治　感情を知る―感情学入門―　ナカニシヤ出版　二〇〇三
福田正治　感じる情動・学ぶ感情―感情学序説―　ナカニシヤ出版　二〇〇六
福田正治　共感―人と人の感情コミュニケーション―　へるす出版　二〇一一
福田正治　欲望を知る―脳科学の視点から―　晃洋書房　二〇一三
光森忠勝　伝統芸能に学ぶ―躾と親父―　恒文社　二〇〇三
源　了圓　型　創文社　一九八九
宮下規久朗　オールカラー版 欲望の美術史　光文社　二〇一三
夢野久作　夢野久作の能世界―批評・戯文・小説―　書肆心水　二〇〇九
山崎佑次　宮大工 西岡常一の遺言　彰国社　二〇〇八
山本良介　京の遺伝子・職人―数奇屋建築を支える―　淡交社　二〇一四
渡辺　保　歌舞伎 型の真髄　角川学芸出版　二〇一三

アンジェラ・A　古代ローマ人の愛と性―官能の帝都を生きる民衆たち―　関口英子、佐瀬奈緒美訳　河出書房新社　二〇一四
ウォーリン・N・L、ブラウン・S、マーカー・B　音楽の起源　山本聡訳　人間と歴史社　二〇一三
ヴァローネ・A　ポンペイ・エロチカ―ローマ人の愛の落書き―　広瀬三矢子訳　パルコ　一九九九
カンデル・E・Rほか編　カンデル神経科学　金澤一郎、宮下保司監修　メディカル・サイエンス・インターナショナル　二〇一四
クライン・R・G、エドガー・B　5万年前に人類に何が起こったか―意識のビッグバン―　鈴木淑美訳　新書館　二〇〇四
コナトン・P　社会はいかに記憶するか―個人と社会の関係―　芦刈美紀子訳　新曜社　二〇一一
ジェームス・W　感情とは何か　*Mind*, **19**, 188-205. 1884.（福田正治訳　感じる情動・学ぶ感情―感情学序説―

ナカニシヤ出版　二〇〇六）
ジュスリン・P・N、スロボダ・J・A編　音楽と感情の心理学　大串健吾、星野悦子、山田真司監訳　誠信書房　二〇〇八
スクワイヤー・L・R　記憶と脳―心理学と神経科学の統合―　河内十郎訳　医学書院　一九八九
ジェリネ・P　美食の歴史2000年　北村陽子訳　原書房　二〇一一
ダマシオ・A・R　生存する脳―心と脳と身体の神秘―　田中三彦訳　講談社　二〇〇〇
ドリュモー・J　恐怖心の歴史　永見文雄、西沢文昭訳　新評論　一九九七
ハーヴェイ・J　インスピレーション―音楽家の天啓―　吉田幸弘訳　春秋社　二〇一〇
バードン・J　図説 笑いの中世史　池上俊一監修　原書房　二〇〇二
フーコー・M　性の歴史Ｉ 知への意志　渡辺守章訳　新潮社　一九八六
ブラント・R・L　グーグルが描く未来―二人の天才経営者は何を目指しているのか―　土方奈美訳　武田ランダムハウスジャパン　二〇一〇
ボーレン・D・E　フラメンコの芸術　青木和美訳　ブッキング　二〇〇九
ボレスラフスキー・R　演技術入門―六つの練習課題―　樋口譲訳　早川書房　一九五三
マクニーリー・I・F、ウルヴァートン・L　知はいかにして「再発明」されたか―アレクサンドリア図書館からインターネットまで―　富永星訳　日経ＢＰ社　二〇一〇
ルドー・J　エモーショナル・ブレイン―情動の脳科学―　松本元ほか訳　東京大学出版会　二〇〇三
ロバーツ・J・M　図説 世界の歴史①-⑩　創元社　二〇〇二-二〇〇三
Feinstein JS, Duff MC, Tranel D Sustained experience of emotion after loss of memory in patients with amnesia. *Proceedings of the National Academy of Sciences of the United States of America*, **107**, 7674-7679. 2010
Huang YY, Kandel ER Postsynaptic induction and PKA-dependent expression of LTP in the lateral

amygdala. *Neuron*, **21**, 169–178. 1998

LeDoux JE 〈http://www.cns.nyu.edu/home/ledoux/〉 2000

Myers KM, Davis M Behavioral and neural analysis of extinction. *Neuron*, **36**, 567–584. 2002

Phelps EA Human emotion and memory: interactions of the amygdala and hippocampal complex. *Current opinion in Neurobiology*, **14**, 198–202. 2004

Schachter S, Singer J Cognitive, social and physiological determinants of emotional state. *Psychological Review*, **69**, 378–399. 1962

著者略歴

福田　正治（ふくだ　まさじ）

1975年，名古屋大学大学院理学研究科修了。主に感情の神経生理学を研究。

現職：福井医療短期大学教授，富山大学名誉教授。

主な著書に『感情を知る―感情学入門―』（ナカニシヤ出版，2003年），『感じる情動・学ぶ感情―感情学序説―』（ナカニシヤ出版，2006年），『共感―人と人の感情コミュニケーション―』（へるす出版，2010年），『欲望を知る―脳科学の視点から―』（晃洋書房，2013年）。共編著に*Brain Mechanisms of Perception and Memory*.（Oxford University Press，1993年）など。

情念の継承

感情記憶と「型」の発見

2015年5月31日　初版第1刷発行　（定価はカヴァーに表示してあります）

著　者　福田正治

発行者　中西健夫

発行所　株式会社ナカニシヤ出版

〒606-8161　京都市左京区一乗寺木ノ本町15番地

Telephone　075-723-0111

Facsimile　075-723-0095

Website　http://www.nakanishiya.co.jp/

E-mail　iihon-ippai@nakanishiya.co.jp

郵便振替　01030-0-13128

装幀＝白沢　正／印刷＝創栄図書印刷／製本＝兼文堂

ISBN978-4-7795-0963-6　C0011